BEYOND THE REEF

인기 손뜨개 브랜드의 가방과 소품 **비욘드 더 리프 스타일**

비욘드 더 리프 지음 | 김한나 옮김 | 정혜진 감수

정글책

이 책에 실린 작품을 복제해서 판매하는 행위는 금지되어 있습니다.
홈메이드를 즐기는 목적으로만 이용해주세요.

CONTENTS

CHAPTER 1

브랜드 스토리 ▸ 04

Ine 니트 클러치 ▸ 06
Needle 마르셰백 ▸ 12
Takako blanket 다카코 블랭킷 ▸ 14
Frame 클러치백 ▸ 16
Aran pochette 스마트폰 포셰트 ▸ 18

CHAPTER 2

'손뜨개의 따뜻함을
트렌디한 디자인으로 바꾸자' ▸ 20

Column 칼럼 ▸ 22
Canapa 카나파 ▸ 24
Rete 레테 ▸ 26
Damier 다미에 ▸ 28
Ballon 발롱 ▸ 30
Pino 피노 ▸ 32
Carre 카레 ▸ 34
Kolmio 콜미오 ▸ 36
Bersih 베르시 ▸ 38
Etui 에튀 ▸ 40
Fascia 파샤 ▸ 41

Point Lesson
포인트 레슨 ▸ 42

About Yarn
실에 대하여 ▸ 48

How to make
뜨는 방법, 만드는 방법 ▸ 49

Basic Technique Guide
뜨개의 기초 ▸ 90

CHAPTER 1

브랜드 스토리

비욘드 더 리프BEYOND THE REEF는 뜨개질을 매우 좋아하는 시어머니께서 살아가는 기쁨을 다시 한번 느끼시길 바라는 마음에서 시작되었습니다.
사랑하는 남편과 사별하고 자식들도 독립한 후, 전업주부였던 시어머니는 온종일 텔레비전을 보며 뜨개질하는 나날을 보냈습니다.
작품을 다 뜨면 가족 모두에게 선물해줬습니다. 말로 표현할 수 없을 정도로 매우 섬세하고 아름다운 레이스를 넣은 작품들이었지만 디자인은 마치 시간이 멈춘 것처럼 옛날 그대로였지요.
그때 문득 이런 생각이 떠올랐습니다.

'시어머니의 뜨개 작품을 지금 시대에 어울리는 디자인으로 만들 수 없을까?
이 방대한 시간과 노력을 새로운 가치로 바꿀 수 없을까?
그렇게 하면 똑같은 입장에 있는 할머니들도 사는 보람과 기쁨을 느낄 수 있는 새로운 일을 만들어낼 수 있지 않을까?'

그런 마음에서 2014년 봄, 할머니의 뜨개 기술을 살린 브랜드를 시작해보기로 결심했습니다.
그것이 우리 BEYOND THE REEF의 시작입니다.

Ine — see page → p.51

니트 클러치 / 맨 처음에 완성한, 브랜드의 아이콘이라고도 할 수 있는 상품입니다. 대바늘뜨기 하면 떠오르는 케이블(꽈배기)무늬를 클러치백에 응용했으며, 브랜드를 상징하는 바다 모티프를 포인트로 삼았습니다. 안감에 두껍고 튼튼한 접착심지를 붙여서 늘어나거나 모양이 망가지는 일 없이 들고 다닐 수 있습니다.

Yarn / 스키 얀 올림픽 순모 극태사

2014년 여름 브랜드를 시작했을 때의 디자인은 '손뜨개 니트 클러치' 하나뿐이었습니다.
대바늘뜨기 특유의 폭신폭신한 느낌을 주는 케이블무늬에 홀딱 반해서 이걸 가방으로 만들면 예쁘겠다고 순수하게 생각했기 때문입니다.

'이거라면 손뜨개에 전혀 관심이 없는 젊은 여성에게도 패션이라는 도구를 사용해 손뜨개의 매력을 전할 수 있을 거야.
제작하는 할머니들 입장에서도 현재 보유하고 있는 뜨개 기술을 조금 갈고닦기만 하면 어려움 없이 일할 수 있겠지.'

사용하는 사람과 만드는 사람 모두에게 행복한 순환이 일어나는 디자인을 만들어내고 싶었습니다.

BEYOND THE REEF의 가방은 할머니들과 어머니들이 손수 만드는 작품입니다.

할머니가 되어서도 자신이 좋아하거나 잘하는 일로 다시 한번 사회와 관계를 맺을 수 있다면 우리의 미래도 분명히 밝을 것입니다.

한창 아이를 키우는 어머니들도 자신의 시간을 찾아 사회에 참여해서 조금이나마 마음의 자유를 얻을 수 있으면 정말로 기쁘지 않을까요?

우리가 아내나 어머니가 아닌 한 인간으로서 자신만의 장소를 찾아 '난 이 세상에 필요한 존재야'라고 느낄 수 있다면 살아가는 데 희망이 된다고 믿습니다.

이 책에서는 BEYOND THE REEF의 2020 봄여름 시즌 작품을 소개합니다.

사용한 실은 모두 시원한 느낌을 주는 헴프사와 화지실[일본 고유의 제조법으로 만든 종이를 이용한 실. 우리나라에도 한지를 이용한 한지실이 있다.—옮긴이]입니다. 가방의 강도를 유지하기 위해 실을 2~3가닥씩 잡아 꽉 당겨가며 빡빡하게 뜹니다. 뜨개 방법은 짧은뜨기 중심이라서 매우 단순하며 특이하고 어려운 방법으로는 뜨지 않습니다.

그 이유는 고객의 시선으로 작품을 만들기 때문입니다.

고객은 '고도의 뜨개 기술'이 아니라 '디자인'에 가치를 느껴서 상품을 구입합니다. 손뜨개에 대한 평가는 나중에 따라오는 부수적인 가치일 뿐입니다. 그래서 BEYOND THE REEF의 상품은 하나같이 실생활에서 쉽게 사용할 수 있는 크기이고 손뜨개라고 생각할 수 없을 정도로 튼튼하며 트렌디한 패션에 어울리는 디자인이어야 한다고 늘 명심합니다.

그중에서도 꾸준한 인기를 얻고 있는 작품이 오른쪽 위의 헴프 시리즈입니다. 벌써 몇 년째 호평을 얻고 있는 간판 상품인데, 일단 튼튼하고 어디에서도 찾아볼 수 없는 디자인이어서 좋다고 고객들이 입을 모아 말합니다. 비에 젖어도 괜찮으며 늘어나지 않고 모양이 망가지지도 않는 기능성과 디자인을 겸비한 손뜨개 가방이랍니다.

Needle — see page → p.54

Yarn / 스키 얀 올림픽 순모 극태사

마르셰백 / 겨울용 털실이 여름용 바구니와 만났습니다. 의도적으로 믹스매치하여 계절과 장소에 대한 고정관념에서 벗어나 자유로운 발상을 즐기도록 했습니다.
벌집무늬와 케이블무늬 등 대바늘뜨기의 매력을 듬뿍 담은 마르셰백 'Needle'은 바늘 호수를 바꿔가며 바구니 치수에 맞춰서 뜹니다.

Takako blanket

see page → p.58

Yarn / 스키 얀 스키 야와라카 코튼 베이비

다카코 블랭킷 / 부드러운 면사를 사용해 바둑판무늬로 뜨는 '다카코의 블랭킷'. BEYOND THE REEF에서 최고 연장자인 다카코 씨가 아기용 포대기나 낮잠용 블랭킷으로도 사용할 수 있도록 통기성이 좋은 디자인을 고안했습니다. BEYOND THE REEF 워크숍에서도 인기가 많은 작품이에요.

클러치백 / 가방 하나에 다양한 코바늘뜨기 방법을 담은 알루미늄 프레임 핸들 클러치. 헴프사×면사, 헴프사×모사 등 서로 다른 소재의 실 2가닥을 동시에 떠서 가방의 강도를 높일 뿐만 아니라 각 소재의 대비가 디자인에 색채를 더해서 입체감 있는 모습을 보여줍니다.

Yarn / DMC 네추라 XL, 다루마 기마

Aran pochette — see page → p.62

Yarn / DMC 네추라 XL

2018년 여름, 일본 요코하마 히요시에 가게 겸 공방을 열었습니다. 할머니들과 어머니들의 활약을 전하는 장소이자, 가정도 직장도 아닌 제3의 공간으로서, 또한 뜨개 워크숍 교실로서 사람들 간의 관계를 이어가는 커뮤니티를 지역사회에 마련했습니다.

앞으로 BEYOND THE REEF는 이 커뮤니티를 일본 전역으로 확대해 '아무리 나이가 들어도 존엄을 갖고 살아갈 수 있는 사회'를 이루기 위해서 변함없이 정성을 담아 작품을 계속 만들어나가고 싶습니다.

BEYOND THE REEF 공방
일본 요코하마시 고호쿠구 히요시혼초 1-24-8-A
전화번호 81) 045-620-6910
영업시간 11:00~17:30 (월·화 정기휴무)
이메일 atelier@beyondthereef.jp

스마트폰 포셰트 / 극태 면사를 대바늘로 성기게 떠나가는 아란무늬 스마트폰 포셰트. 선명한 뜨개코의 아름다움을 유지하며 형태가 무너지지 않도록 프레임을 활용했고 주변에서 쉽게 구할 수 있는 금속단추로 포인트를 줬습니다. 스마트폰은 어디에 올려놨는지 잊어버리는 일이 흔하니 집 안에서 사용하는 것도 추천합니다.

CHAPTER 2

'손뜨개의 따뜻함을 트렌디한 디자인으로 바꾸자'

어렸을 때 할머니가 떠준 장갑과 스웨터. 말로 다 표현할 수 없는 그 온기와 행복감은 그대로 살리고 트렌디한 패션에 위화감 없이 들고 다닐 수 있는 가방을 디자인했습니다.
뜨개 작품이니까 '뜨개질하는 즐거움'은 당연히 중요합니다. 하지만 실제로 '들고 다니고 싶어!' '나도 사용하고 싶어!' '예쁘다!'라고 느낄 수 있는 디자인도 중요합니다. 그리고 가장 중요한 것은 너무 어렵지 않아야 한다는 것이죠.
어렸을 때 목도리는 떠본 적 있는 분이 꽤 많지 않나요? 뜨개 초심자라도 진심을 다해 노력하면 어떻게든 완성할 수 있는 수준을 감안했습니다.
그 결과 뜨개질이 즐겁게 느껴진다면 좋겠습니다.

Column — see page → p.64

칼럼 / 군더더기 없이 심플한 디자인이라 트렌디한 패션에 잘 어울립니다. 코바늘의 기본인 짧은뜨기만으로 아름답게 쭉 뜨는 것이 포인트예요. 똑바로 서 있는 옆면, 비뚤어짐 없이 세로로 곧게 이어지는 뜨개코는 그것만으로 전문가급의 완성도를 보여줄 것입니다. 자석단추를 일부러 손잡이 안쪽 한가운데 달아서 훨씬 멋스럽고 독특한 분위기로 연출했습니다.

분홍색 손잡이 가방은 자석단추의 위치를 바꿔 달았습니다. 인상이 완전히 달라지니 취향에 맞춰서 선택하세요.

Yarn / 하마나카 에코안다리아

Canapa — see page → p.67

카나파 / 마끈(헴프코드) 특유의 자연스러운 감촉과 색감을 살린 토트백. 캐주얼한 스타일이나 리조트룩에도 잘 어울립니다. 직선으로 색과 색의 경계를 나눠서 뜨개의 따뜻한 분위기를 덜어내고 시크함을 더했습니다. 색의 조합은 마음대로 즐겨보세요.

Yarn / 다루마 마끈

Rete — see page → p.72

레테 / BEYOND THE REEF의 실제 작품과 똑같은 무늬로 뜨는 원핸들 백. 아름다운 그물코가 가장 눈에 띄는 특징인데 고급스럽고 보편적이면서도 핸드메이드의 따뜻함을 느낄 수 있는 훌륭한 뜨개 방법입니다. D링과 스트랩을 달아서 크로스로 매면 유행하는 스타일로 귀엽게 연출할 수 있습니다.

Yarn / 퍼피 리피

Damier — see page → p.73

다미에 / 전통적이고 클래식한 새발격자무늬를 코바늘뜨기로 떠서 클러치 겸용 핸드백을 완성했습니다. 무늬를 돋보이게 하면서도 보수적인 인상을 주지 않도록 불필요한 디자인은 최소한으로 줄였습니다. 캐주얼하고 자연스러운 분위기의 스니커즈와 귀여우면서도 여성스러운 복장을 믹스 매치한 스타일링에 잘 어울립니다.

Yarn / 메르헨아트 마닐라 헴프사

Ballon — see page → p.78

발롱 / 구슬뜨기를 사용한 핸드백. 올록볼록한 구슬 같은 뜨개코가 돋보여서 예쁩니다. 그래서 그 뜨개코를 충분히 살리는 타원형 바닥과 손잡이를 택했습니다. 장지갑이 옆으로 들어가는 크기라서 외출할 때 들고 나가기에도 딱 좋습니다.

Yarn / 퍼피 리피

Pino — see page → p.82

피노 / 보는 것만으로 가슴이 두근거리는 색과 모양. 서로 다른 뜨개 방법과 색을 조합해 작은 포셰트를 만들었습니다. 원형 가죽끈을 스트랩으로 사용하면 자연스러운 분위기 속에 고급스러운 느낌이 가미되어 업그레이드됩니다. 짧은뜨기와 솔잎뜨기를 동시에 즐길 수 있는 것도 매력 중 하나입니다.

Yarn / 메르헨아트 마닐라 헴프사

카레 / 프랑스어 카레Carré는 '네모'를 의미합니다. 일부러 가방 옆면의 폭을 넓게 잡고 손잡이도 스퀘어 핸들을 달아서 직선을 강조하는 디자인으로 연출하면 뜨개의 따뜻한 느낌보다 선명하고 멋스러운 인상이 한층 강해집니다. 아름다운 사각형을 목표로 해서 기본적인 짧은뜨기로 곧게 쭉 떠보기 바랍니다.

Yarn / 퍼피 리피

Kolmio — see page → p.84

콜미오 / 삼각뿔 테트라백은 어디까지나 장난스럽고 재미있는 느낌을 추구하고 싶었습니다. 언밸런스해 보일 정도로 커다란 대나무 손잡이에 눈에 확 들어오는 컬러풀한 실. 지퍼의 실도 색을 두 가지로 배합해봤습니다. 삼각형으로 뜨는 것이 아니라 일직선의 원통 모양으로 뜬 뒤 지퍼를 다는 방법으로 삼각형을 만들기 때문에 보기보다 훨씬 쉬워요.

Yarn / 다루마 사사와시

Bersih — see page → p.86

베르시 / 베르시는 에코안다리아로 뜨는 가볍고 멋스러운 서브 백입니다. 요즘처럼 작은 가방이 유행할 때는 멋진 서브 백이 하나쯤 꼭 필요해요. A4 크기의 서류나 노트북도 넣을 수 있으며 가볍고 튼튼해서 기능성도 충분하답니다. 실제로 들고 다니고 싶은 마음이 생기는 디자인이라서 쭉쭉 뜨는 재미가 있습니다.

Yarn / 하마나카 에코안다리아

Etui — see page → p.88

에튀 / 길쭉한 타입의 스마트폰 케이스가 유행이라서 손뜨개로 길쭉하게 디자인했습니다. 폭을 넓게 잡아서 뜨면 간단한 소지품을 수납하는 사코슈백으로도 사용할 수 있어요. BEYOND THE REEF의 실제 상품으로도 채택된 뜨개 방법이니 즐기는 마음으로 꼭 한번 떠보세요.

Yarn / 퍼피 리피

Fascia — see page → p.50

Yarn / 메르헨아트 마닐라 헴프사

파샤 / 폭넓은 뜨개바탕 두 개를 교차시켜 입체감을 준 뜨개 카추샤(머리띠). 잔머리를 잘 정리할 수 있도록 뒤쪽의 리본은 레이스뜨기로 만들었습니다. 소재의 톤을 살리기 위해서 성기게 떠도 그 나름대로 멋을 연출할 수 있습니다.

Point Lesson

타원형 금속 손잡이(아일렛 손잡이) 다는 방법

1 타원형 금속 손잡이를 반으로 분리한 뒤 손잡이 위쪽을 겉쪽에서 손잡이 다는 위치에 끼웁니다.

2 뜨개바탕을 사이에 두고 안쪽에 손잡이 아래쪽을 끼웁니다.

3 금속 손잡이의 튀어나온 부분을 접어서 고정합니다. 천을 대고 펜치로 집어서 누르면 튼튼하게 고정할 수 있습니다.

4 타원형 금속 손잡이를 달았습니다. 다른 한쪽의 손잡이도 같은 방법으로 답니다.

자석단추 다는 방법

1 돗바늘에 실(실제로는 작품에 사용한 실을 사용한다)을 꿰어 뜨개바탕 안쪽의 단추 다는 위치에 실을 통과시키고 같은 곳에 다시 한번 실을 둘둘 감아서 실끝을 고정합니다. (시침핀은 단추 다는 위치를 표시한다)

2 실끝을 고정하면 자석단추를 꿰매 답니다. 뜨개바탕 안쪽의 실만 떠서 겉쪽에 표시가 나지 않도록 꿰매세요.

3 단춧구멍을 한 군데씩 꿰매 고정합니다.

4 튼튼하게 꿰매 고정하고 나면 단추 안쪽의 뜨개바탕에 바늘을 여러 번 통과시킨 뒤 실을 잘라냅니다.

안감 다는 방법

1 안감의 모양을 잡아 꿰맵니다. 본체와 안감 모두 뒤집어 겹치고 바닥의 모서리를 맞춰서 꿰매 고정합니다. (실제로는 눈에 띄지 않는 색의 실을 사용한다)

2 뜨개바탕의 겉쪽과 안감의 천만 떠서 꿰매 고정합니다. (접착심지는 꿰매지 않는다)

3 밑에서 3분의 1 정도 떨어진 부분까지 꿰매 고정합니다.

4 꿰매서 고정한 모습. 다른 한쪽도 같은 방법으로 꿰매 고정합니다.

5 뜨개바탕을 겉쪽으로 뒤집어서 입구를 임시로 고정합니다. 중심, 양쪽 끝, 중심과 양쪽 끝 사이에 바느질용 클립을 꽂아 고정합니다.

6 가장자리에서 조금 떨어진 부분부터 꿰매기 시작합니다. 안감의 천과(접착심지도) 겉쪽에 표시가 나지 않도록 뜨개바탕 안쪽을 떠서 꿰매 고정합니다.

7 입구의 모서리는 튼튼하게 꿰맵니다. 2~3땀 꿰매 고정하면 좋아요.

8 그런 다음 안감과 뜨개바탕을 꿰매 고정합니다. 바느질 시작 위치까지 한 바퀴를 둘러 꿰맵니다. (가장자리에서 시작하지 않는 것은 바느질이 끝나는 위치에서 쉽게 매듭을 짓기 위해)

p.18 스마트폰 포셰트 만드는 방법

● 금속 부자재를 끼울 부분을 만든다(빼뜨기로 잇기)

1
금속 부자재를 끼울 부분을 뜬 뒤 대바늘을 빼고 코바늘을 이용해 1단의 뒤쪽 실을 뜹니다. (알아보기 쉽게 실의 색을 바꿨다)

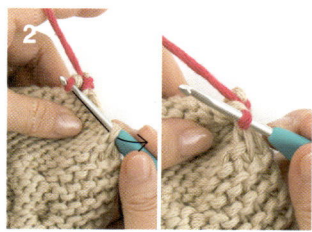
2
뜨개 끝부분의 실 고리에 코바늘을 넣어 실을 빼냅니다.

3
1단의 옆 코와 마지막 단의 다음 코를 뜨고 실을 걸어서 빼냅니다.

4
실을 빼낸 모습.

5
똑같은 요령으로 한 코씩 빼뜨기로 잇습니다.

6
가장자리까지 잇고 실끝을 10센티미터 정도 남겨서 잘라냅니다. 다른 한쪽의 금속 부자재를 끼울 부분도 똑같은 방법으로 잇습니다.

● 바닥을 잇는다(빼뜨기로 잇기)

1
뜨개바탕을 겉쪽끼리 마주 보게 잡고 두 장의 바닥 가장자리의 코에 바늘을 넣고 실을 걸어서 빼낸 뒤 각각 옆 코에 바늘을 넣고 실을 걸어 빼냅니다.

2
똑같은 요령으로 한 코씩 떠서 빼내며 잇습니다.

● 옆을 꿰맨다(빼뜨기로 꿰매기)

1
뜨개바탕을 겉쪽끼리 마주 보게 잡고 금속 부자재를 끼울 부분의 아래쪽에 바늘을 넣습니다.

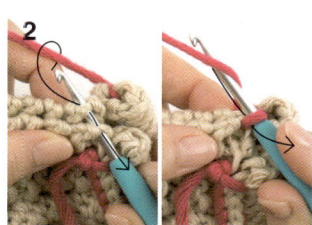
2
실을 걸어 빼낸 뒤 다시 실을 걸어 빼냅니다.

3
실을 당겨서 코를 단단히 조인 뒤 뜨개바탕 두 장의 가장자리 코에 바늘을 넣고 실을 걸어서 빼냅니다.

4
똑같은 요령으로 실을 빼내며 꿰매가는데, 옆이 울지 않도록 실을 느슨하게 빼냅니다.

● 스프링 금속 부자재를 끼운다

1
금속 부자재의 나사를 풀어서 뜨개바탕이 손상되지 않도록 가장자리에 마스킹 테이프 등을 붙여 매끄럽게 보강한 뒤 끼웁니다.

2
가장자리까지 끼운 모습입니다. 나머지 부자재도 똑같은 방법으로 끼웁니다.

3
금속 부자재의 끝을 맞추고 나사를 끼워서 고정합니다.

4
다른 한쪽도 같은 방법으로 나사를 끼워서 고정하면 완성.

Point Lesson

p.16 프레임 다는 방법과 리본 감는 방법

● 프레임(알루미늄 스프링 프레임) 다는 방법

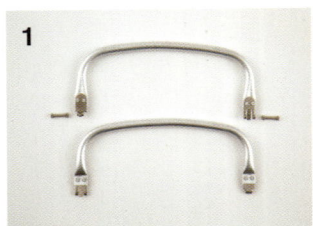

1 알루미늄 파이프를 빗 형태로 구부린 듯한 모양의 프레임. 나사를 풀어서 두 개로 분리합니다.

2 프레임을 끼울 부분을 다 뜨고 나면 일단 바늘을 빼고 1단의 안쪽 매듭에 바늘을 넣어 끝부분의 실 고리를 빼냅니다. (알아보기 쉽게 실의 색을 바꿨다)

3 실 고리를 빼낸 뒤 바늘에 실을 걸어서 빼냅니다.

4 프레임을 끼울 부분을 반으로 접고 다음 코를 동시에 주워서 실을 걸어 빼내어 빼뜨기로 잇습니다.

5 똑같은 요령으로 1코씩 이어나갑니다.

6 손잡이 부분은 손잡이의 코만 주워서 사슬코끼리 잇습니다.

7 똑같은 요령으로 1코씩 이어나갑니다.

8 프레임을 먼저 끼워서 감싸 떠도 좋습니다. (끼울 때는 프레임 가장자리에 마스킹테이프 등을 붙여 뜨개바탕을 보호한다 → p.43 참조)

9 다른 한쪽도 똑같은 방법으로 프레임을 끼울 부분을 만들고 금속 부자재를 끼운 뒤 가장자리를 맞춥니다.

10 나사를 끼워서 금속 부자재를 고정합니다.

11 금속 부자재를 단 모습.

● 리본 감는 방법

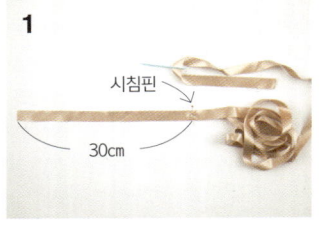

1 한쪽이 310센티미터인 리본을 돗바늘에 꿰어 끝에서 30센티미터 떨어진 곳에 시침핀을 꽂아 표시해놓습니다.

2 프레임을 끼울 부분의 가장자리에 겉쪽에서 돗바늘을 넣어 리본을 통과시킵니다.

3 이은 코 위로 바늘을 빼내서 통과시킵니다. 시침핀을 꽂아놓은 부분에서 리본이 멈추므로 그 상태로 끝부분 30센티미터를 남겨놓습니다.

4 다시 한번 같은 자리에 바늘을 넣어 프레임을 감싸듯이 리본을 감습니다.

5 리본이 꼬이지 않도록 주의하며 잡아당깁니다.

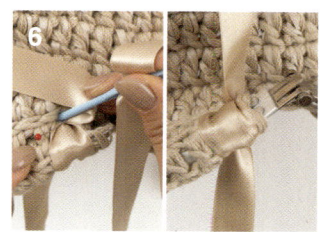

다시 한번 같은 자리에 바늘을 넣어 리본을 통과시키고 조금 옆으로 옮겨서 감아 꽉 조입니다. (끝부분은 두 번 감는다)

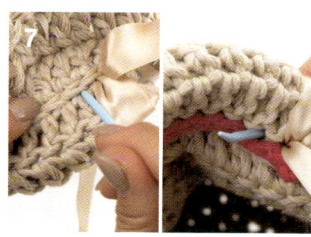

다음 코에 바늘을 넣어서 리본을 감습니다.

리본이 꼬이지 않도록 주의해가며 1코씩 꽉 조여 감으세요.

모서리 부분은 같은 자리에 리본을 두 번 감습니다.

손잡이 부분도 똑같은 요령으로 리본을 감습니다.

1코씩 꽉 조여가며 신중하게 감으세요.

마무리는 끝에서 1코 되돌아온 자리에 바늘을 넣습니다.

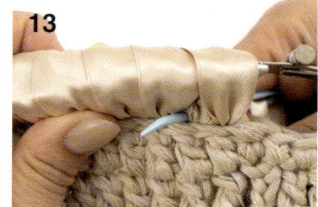

사진과 같이 끝에서 두 번째 코 부분의 겉쪽으로 바늘을 빼낸 뒤

끝부분으로 되돌아와 고리를 만듭니다.

리본 고리를 남긴 상태에서 바늘을 고리 안으로 빼낸 뒤

리본 끝을 고리로 통과시킵니다.

리본이 꼬이지 않도록 주의해가며 고리를 꽉 조입니다.

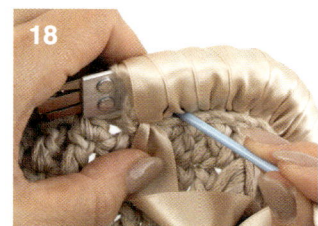

시작 부분에 남긴 리본도 똑같은 요령으로 처리합니다. 시침핀을 빼고 리본을 돗바늘에 꿰어 끝에서 두 번째 코에 바늘을 넣습니다.

리본 고리를 남긴 상태에서 다시 한번 바늘을 끝부분의 코로 빼낸 뒤 고리 안에 바늘을 넣어 리본 끝을 고리로 통과시킵니다.

리본이 꼬이지 않도록 주의해가며 고리를 꽉 조입니다.

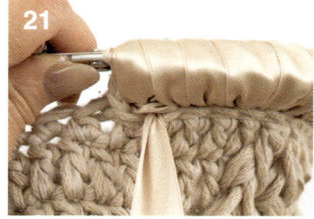

리본을 다 감은 모습.

Point Lesson

p.36 테트라백 뜨는 방법

● 기둥코를 눈에 띄지 않게 뜨는 방법

1
1단의 뜨기 끝부분. 마지막 코까지 뜬 뒤 첫 코로 빼서 뜨지 말고 바늘에 걸려 있는 코를 넓혀서 바늘을 일단 뺍니다.

2
첫 코의 머리 뒤쪽에서 바늘을 넣어 끝부분의 코를 빼냅니다. (알아보기 쉽게 실의 색을 바꿨습니다)

3
코를 빼낸 모습.

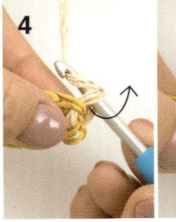
4
실을 걸어 빼내서 사슬뜨기를 합니다.

5
다리 2가닥(여기서는 실 2가닥으로 떴으므로 4가닥)을 주워 실을 걸어서 빼냅니다.

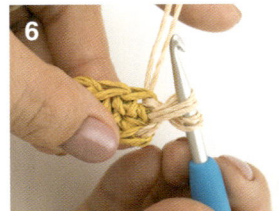
6
코를 빼낸 모습.

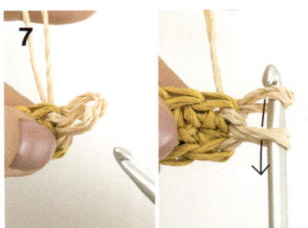
7
일단 바늘을 빼고 앞쪽에서 다시 넣어 코를 빼냅니다.

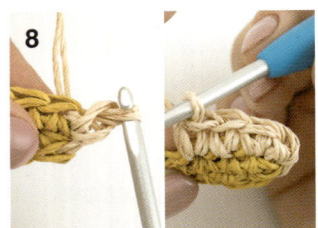
8
코를 빼낸 모습. 이것이 2단의 첫 코가 됩니다. 계속 이어서 짧은뜨기를 합니다.

(평면을 뜨는 경우)

1
그 단의 마지막 코까지 뜬 뒤 첫 코로 빼서 뜨지 않고 코를 넓혀서 바늘을 일단 뺍니다.

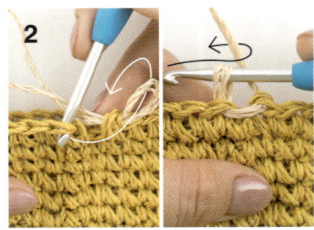
2
첫 코의 머리 뒤쪽에서 바늘을 넣어 쉽게 한 코를 빼고 실을 걸어 빼냅니다.

3
실을 빼낸 모습. (사슬 1코를 뜬 상태)

4
옆으로 걸친 실 2가닥(여기서는 실 2가닥으로 떴으니 4가닥)을 주워 실을 걸어 빼내고

5
바늘을 일단 뺀 뒤 왼쪽에서 다시 넣어 오른쪽 코를 빼냅니다.

6
코를 빼낸 모습. 여기서 다음 단의 첫 코를 뜨게 됩니다.

7
계속 이어서 짧은뜨기를 합니다.

● 뜨개 마무리 (사슬 연결하기)

1
뜨기 끝부분은 빼뜨기를 하지 않고 보기 좋게 연결합니다. 마지막 짧은뜨기를 한 뒤 실끝을 10센티미터 정도 남겨서 자르고 그 상태로 코를 넓혀 실끝을 빼냅니다.

2
실끝을 돗바늘에 꿰어 짧은뜨기한 첫 코의 머리를 뜬 뒤

3
마지막 짧은뜨기의 코머리 가운데로 되돌아갑니다.

4
짧은뜨기의 코머리 하나 크기가 되도록 실을 뺀 뒤 안쪽에서 실을 처리합니다.

● 아일렛 다는 방법

1
왼쪽부터 아일렛(앞면, 뒷면), 몰드(받침쇠, 누름쇠), 타구, 고무판, 나무망치.

2
다리가 달린 아일렛을 겉쪽에서 끼우고 뒷면을 덮습니다.

3
고무판을 깔고 몰드(받침쇠) 위에 세팅해서 누름쇠를 안쪽에 올려서 끼웁니다.

4
타구를 똑바로 대고 나무망치로 칩니다. 비뚤어지지 않도록 단단히 치세요.

● 지퍼 다는 방법

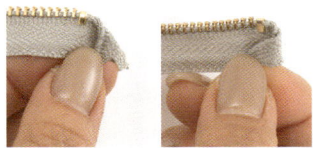

1
지퍼의 끝부분을 안쪽으로 45도씩 두 번 접어 꿰매서 고정합니다.

2
다 꿰맨 모습. (실제로는 눈에 띄지 않는 색상의 실을 사용한다) 다른 한쪽도 똑같은 방법으로 꿰매서 고정해놓습니다.

3
지퍼를 입구 가장자리에 맞춰서 임시로 고정합니다. 소잉 클립을 사용하면 편리합니다.

4
지퍼 아래쪽의 끝부분부터 꿰매나갑니다. 안쪽에서 바늘을 넣어 입구의 짧은뜨기 코머리 아래로 바늘을 빼냅니다.

5
눈에 띄지 않도록 바늘땀을 작게 잡아 박음질해서 고정합니다.

6
안쪽에서 본 모습. 조금씩 신중하게 꿰매서 고정합니다.

7
다른 한쪽도 지퍼 아래쪽의 끝부분부터 박음질해서 고정합니다.

8
지퍼가 달린 모습.

About Yarn

실에 대하여 이 책의 작품에 사용한 실의 종류입니다. (사진은 실물 크기)

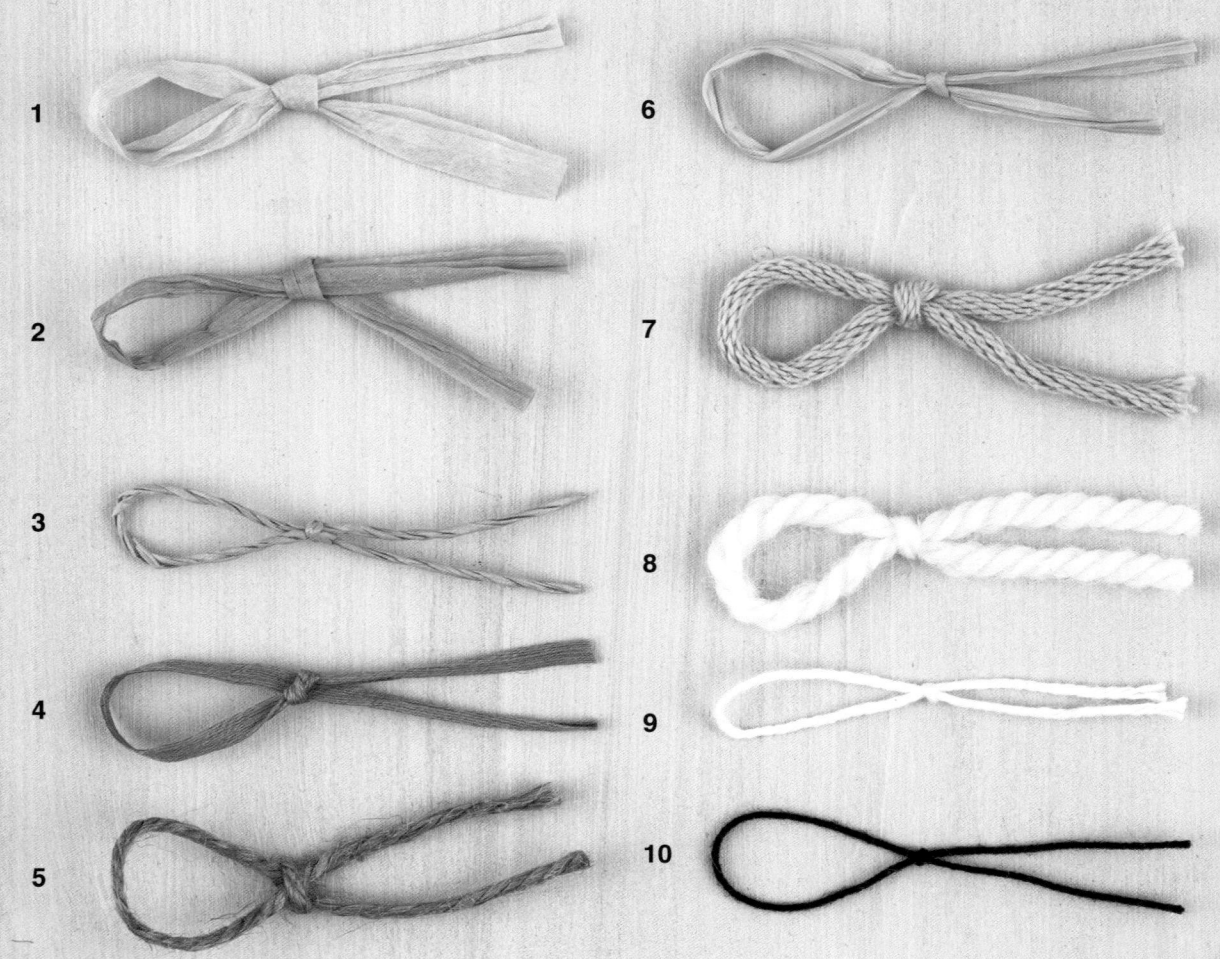

1 퍼피 리피 Puppy Leafy
분류 외 섬유(종이) 100%
40g 1볼 170m

2 메르헨아트 MARCHEN ART
마닐라 헴프사 Manila hemp yarn
식물섬유(마닐라삼) 100%
약 20g 1볼 약 50m

3 다루마 DARUMA
사사와시 SASAWASHI
분류 외 섬유(화지) 100%(구마사사와시
〈ま笹和紙, 발수 가공)
25g 1볼 48m

4 다루마 DARUMA 기마 GIMA
면 70%, 마(리넨) 30%(기마 가공)
30g 1볼 46m

5 다루마 DARUMA 마끈(헴프 코드)
식물섬유(황마) 100%
1볼 100m

6 하마나카 HAMANAKA
에코안다리아 Eco andaria
레이온 100%
40g 1볼 약 80m

7 DMC 네추라 XL Natura XL
코튼 100%
100g 1볼 75m

8 스키 얀 올림픽 SKI YARN OLYMPIC
순모 극태사
울 100%
약 30g 1볼 약 37m

9 스키 얀 SKI YARN
스키 야와라카 코튼 베이비
SKI Yawaraka Cotton Baby
면 100%
약 30g 1볼 약 102m

10 극세면사
면 100%
약 60g 1볼 약 315m

* 실에 관한 문의처는 96쪽을 참조하세요.
* 실에 관한 정보는 2020년 6월 1일 기준입니다. 실은 예고 없이 변경, 단종될 수 있으니 양해 바랍니다.

HOW TO MAKE
뜨는 방법, 만드는 방법

* 뜨개의 기초는 90쪽에서 소개하는 테크닉 가이드를 참조하세요.
* 그림 속 숫자의 단위는 cm입니다.
* 실의 사용량은 뜨는 사람의 손놀림에 따라 크게 달라질 수 있습니다. 염려될 경우에는 실을 넉넉하게 준비하는 것을 추천합니다.
* 작품 치수는 뜨는 사람의 손놀림에 따라 달라집니다. 치수대로 완성하고 싶은 경우에는 표시해놓은 게이지에 맞춰서 바늘 호수를 바꿔 조정하세요. (완성된 뜨개바탕이 작을 경우에는 바늘 호수를 높이고 뜨개바탕이 클 경우에는 바늘 호수를 낮춥니다)
* 사용된 실, 색상은 예고 없이 단종될 수 있으니 양해 바랍니다.

see page → **p.41**

― 파샤

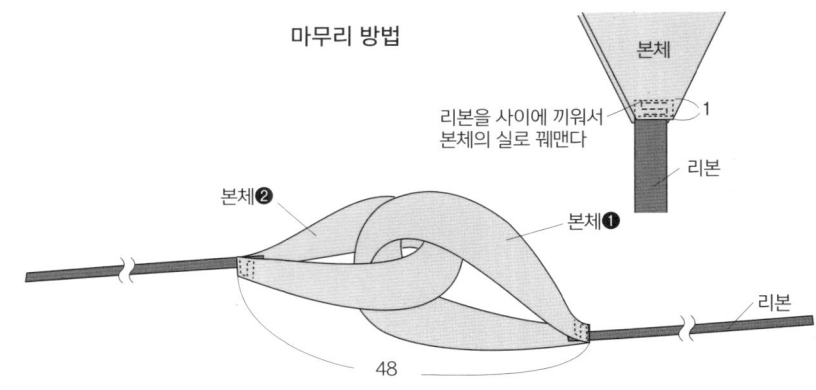

마무리 방법

① 본체 2장을 교차시킨다
② 본체 가장자리에서 리본을 사이에 끼우고 본체의 실로 꿰맨다

Fascia

재료와 도구
메르헨아트 마닐라헴프사 스트로(507) 50g, 극세면사 블랙 5g, 코바늘 6/0호, 3/0호

완성 치수
그림 참조

게이지
10cm×10cm 짧은뜨기 15코×14단

뜨는 방법 포인트
● 본체는 사슬 3코로 시작코를 만들고 코산을 주워서 뜨기 시작한다. 도안을 참조하여 콧수를 늘려가며 짧은뜨기로 13단을 뜬다. 계속해서 콧수의 증감 없이 50단을 뜨고 코를 늘렸다 줄였다 해가며 13단을 뜬다. 끝부분에 이어서 본체 가장자리 1코 안쪽의 둘레에 빼뜨기를 한다.
● 리본은 사슬 5코로 시작코를 만들고 도안을 참조해서 74단을 뜬다.
● 마무리 방법을 참조해서 완성한다.

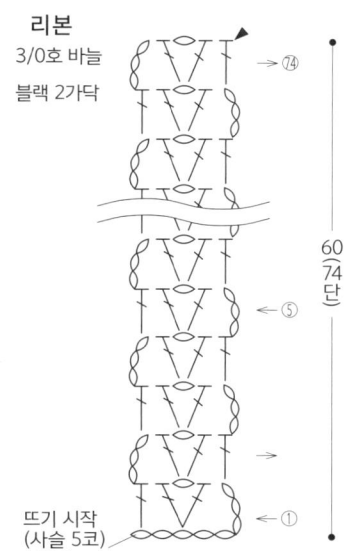

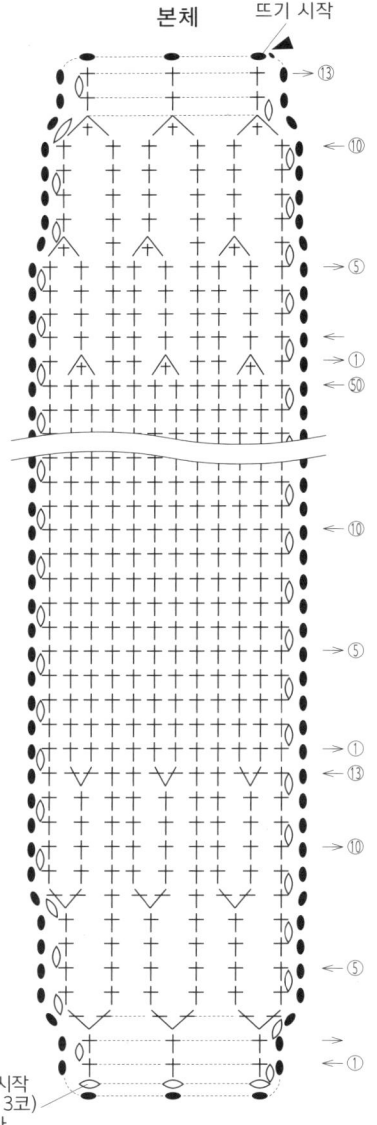

see page → p.06

― 니트 클러치

재료와 도구
a / 스키 얀 올림픽 순모 극태사 에크루(301) 220g
b / 스키 얀 올림픽 순모 극태사 그레이(300) 220g
c / 스키 얀 올림픽 순모 극태사 네이비(311) 220g
<공통> 천(가로 33cm×세로 48cm), 두꺼운 접착심지 (가로 30cm×세로 45cm), 장식단추 1개, D링 (20mm 앤티크골드) 2개, 대바늘 15호

완성 치수
폭 32cm 높이 17cm

게이지
10cm×10cm 무늬뜨기 27코×25.5단

뜨는 방법 포인트
- 본체는 원형뜨기 시작코로 86코를 만들고 다음 단을 겉쪽에서 보며 뜬다. 도안을 참조해서 무늬 뜨기로 124단을 뜨고 마지막은 코막음을 한다.
- 안감을 만든다.
- 마무리 방법을 참조해서 완성한다.

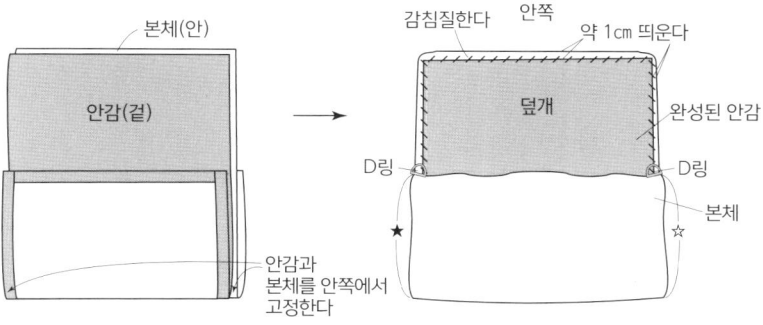

마무리 방법

① 본체는 지정한 위치에서 접는 선 ★과 ★, ☆과 ☆을 각각 겉쪽끼리 마주 보게 놓고 빼뜨기로 꿰매 연결한다(43쪽 참조).
② ①을 만들어둔 안감과 겹쳐서 본체 바닥에 양끝을 고정시키고 겉쪽으로 뒤집어서 입구와 덮개를 감침질한다(42쪽 참조).
③ 장식단추는 지정한 위치에 꿰매 단다.
④ D링은 입구 양옆의 지정한 위치에 꿰매 단다.

안감 만드는 방법

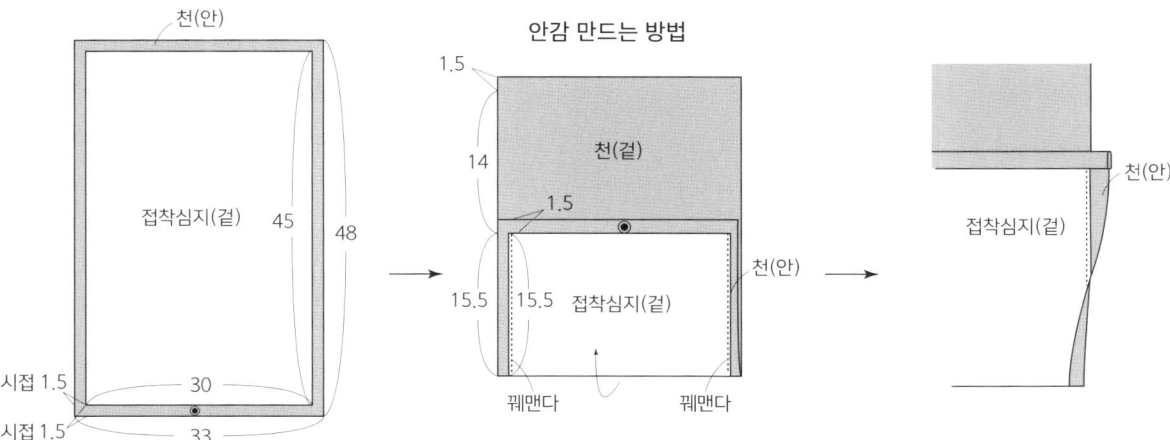

① 천과 접착심지를 지정한 크기로 잘라서 천의 안쪽에 접착심지를 다림질해서 붙인다.

② ①을 안쪽이 밖으로 나오게 되접어서 클러치 모양을 만들고 양끝의 접착심지 가장자리를 꿰맨다.

③ 천의 시접을 접착심지 쪽으로 꺾어서 다림질한다

● 뜨는 방법은 p.52로 이어집니다

● p.51 니트 클러치 뜨개 도안 본체

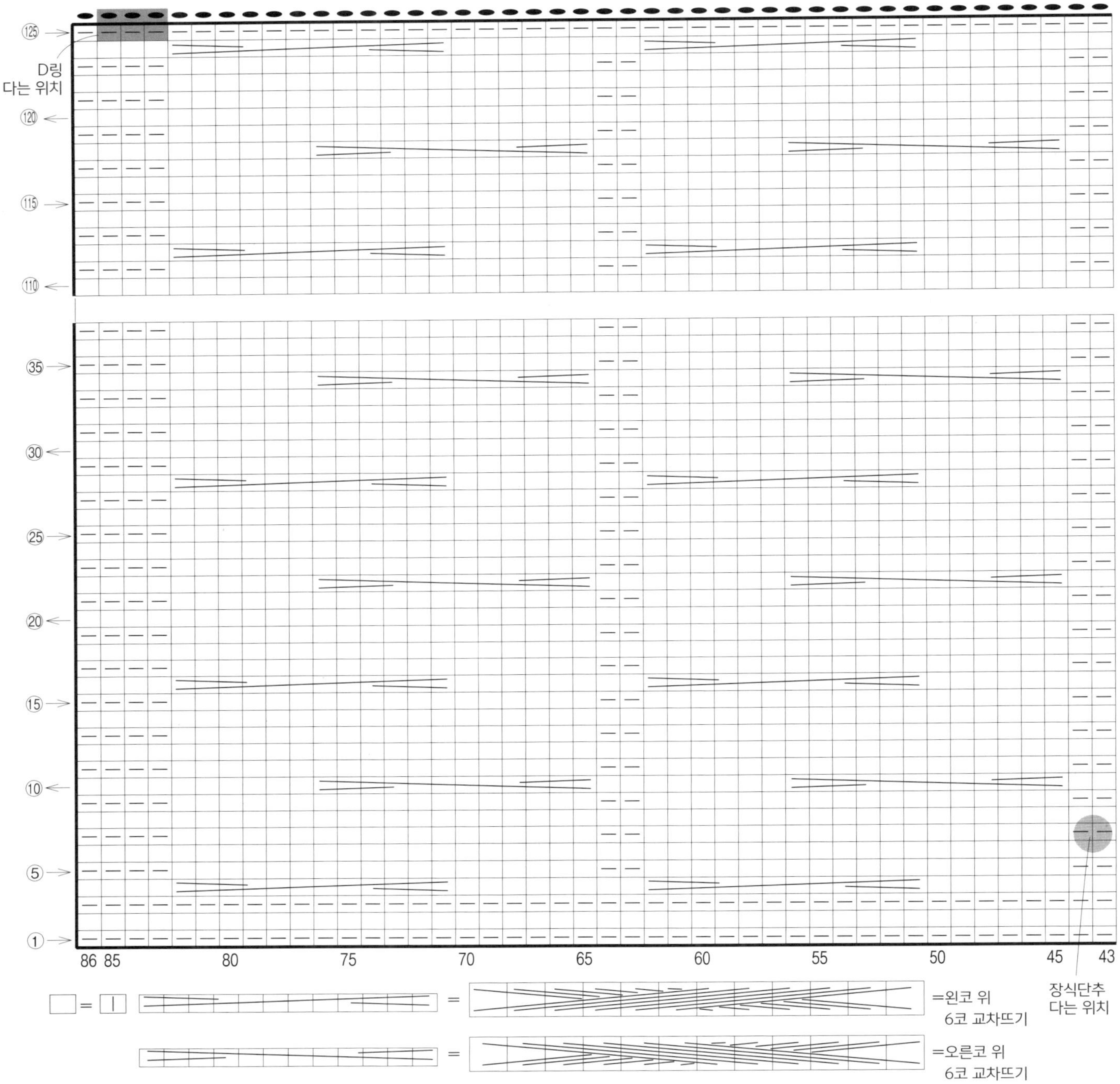

D링
다는 위치

= 왼코 위 6코 교차뜨기

= 오른코 위 6코 교차뜨기

장식단추
다는 위치

손가락에 걸어서 만드는 시작코

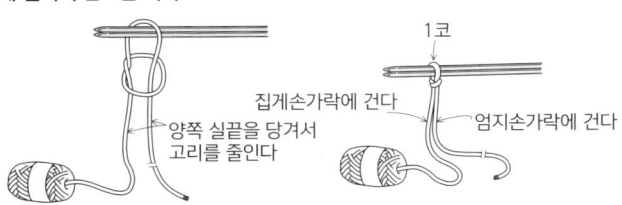

1 고리 안에 대바늘 두 개를 넣는다.
양쪽 실끝을 당겨서 고리를 줄인다.

2 첫 번째 코 완성.

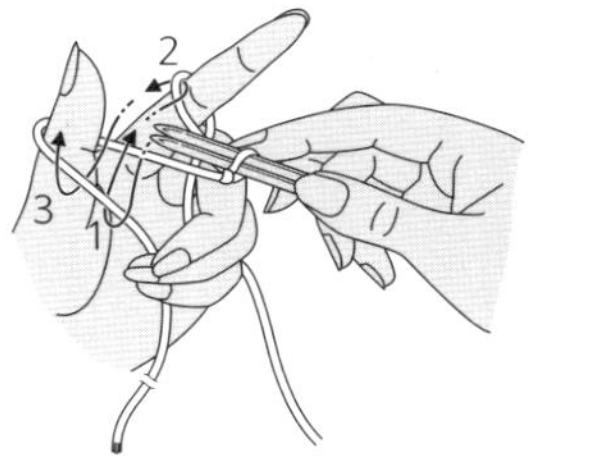

3 계속해서 짧은 실은 엄지손가락, 긴 실은 집게
손가락에 걸고 실 두 가닥을 나머지 손가락으로
쥐어서 화살표 방향으로 바늘을 움직인다.

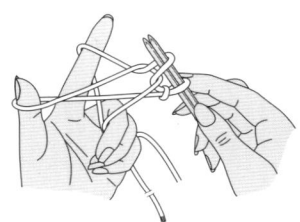

4 실을 대바늘에 걸고 엄지손가락의
실을 일단 푼다.

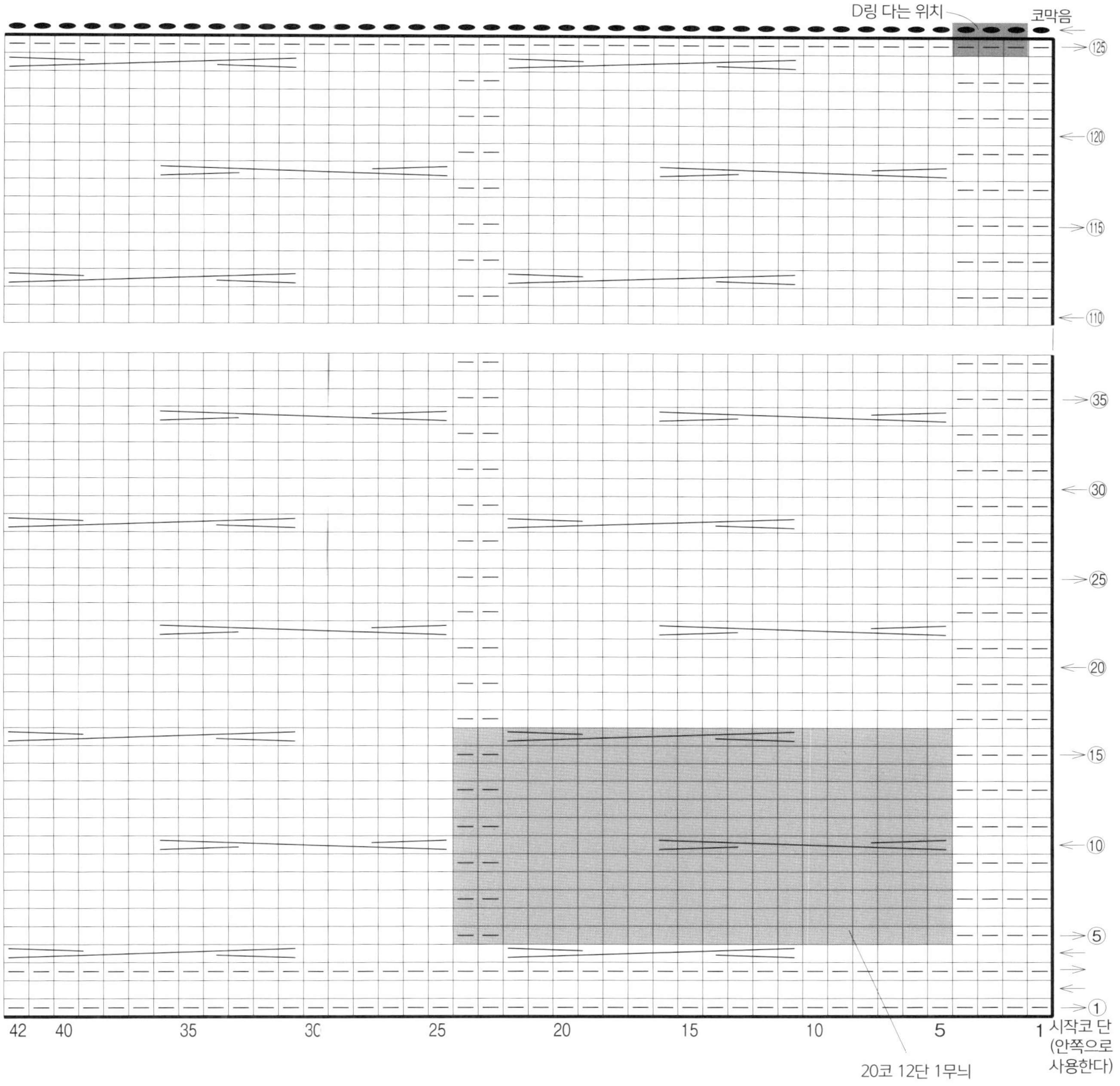

D링 다는 위치　코막음

20코 12단 1무늬

42　40　35　30　25　20　15　10　5　1 시작코 단
(안쪽으로 사용한다)

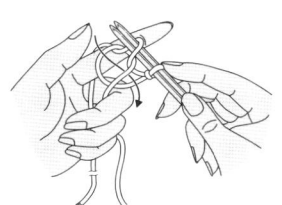

5 화살표 방향으로 엄지손가락을 다시 넣는다.

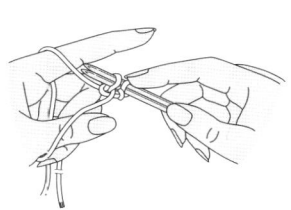

6 두 번째 코 완성.

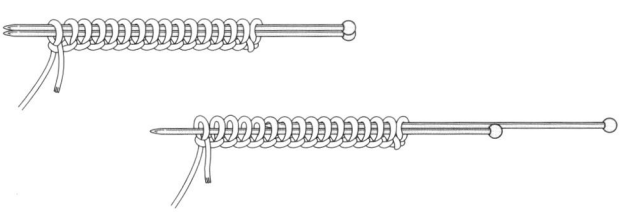

7 3~6을 반복해서 필요한 콧수만큼 만든다. 바늘 한 개를 빼서 뜨기 시작한다.

see page → p.12

— 마르셰백

Needle

재료와 도구
스키 얀 올림픽 순모 극태사 에크루(301) 180g, 기성품 바구니(치수는 아래 그림 참조) 1개, 지름 18mm 장식단추 1개, 대바늘 6호, 7호, 코바늘 7/0호

완성 치수
둘레(입구 쪽) 85cm 높이 21cm

게이지
10cm×10cm 무늬뜨기
20코×28단(6호 바늘)
19코×26.5단(7호 바늘)

뜨는 방법 포인트
- 본체는 사슬뜨기를 이용하는 대바늘 시작코로 144코를 만들어 원형으로 연결한다. 도안을 참조해서 무늬뜨기로 게이지를 조절해가며 51단을 뜬다. 계속해서 코바늘로 테두리뜨기 3단을 뜬다. 시작코의 사슬에서 코를 주워 테두리뜨기 2단을 뜬다. (바구니의 크기에 맞춰서 단수를 조정한다)
- 본체의 지정한 위치에 장식단추를 단다.
- 본체를 기성품 바구니에 덮어씌우고 위쪽과 아래쪽 가장자리를 바구니에 꿰매 고정한다.

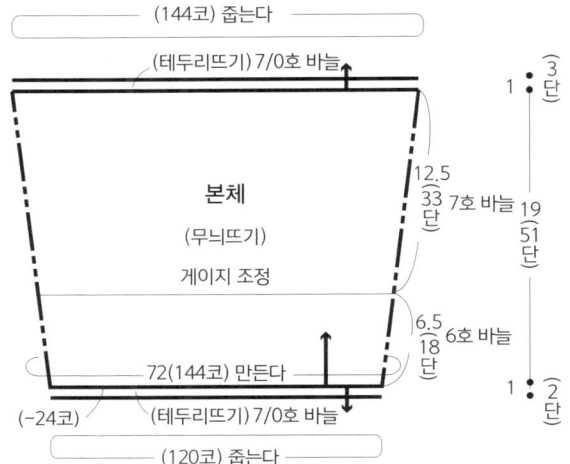

바구니 치수

마무리 방법

① 장식단추는 지정한 위치에 꿰매 단다.
② 바구니 입구 쪽은 살짝 늘리고 바닥 쪽은 줄여가며 기성품 바구니의 옆면에 본체를 덮어씌운 후 위쪽과 아래쪽 가장자리에 꿰맨다
(뜨개바탕의 신축성을 살려서 바구니 치수에 맞춰 조절해가며 꿰맨다)

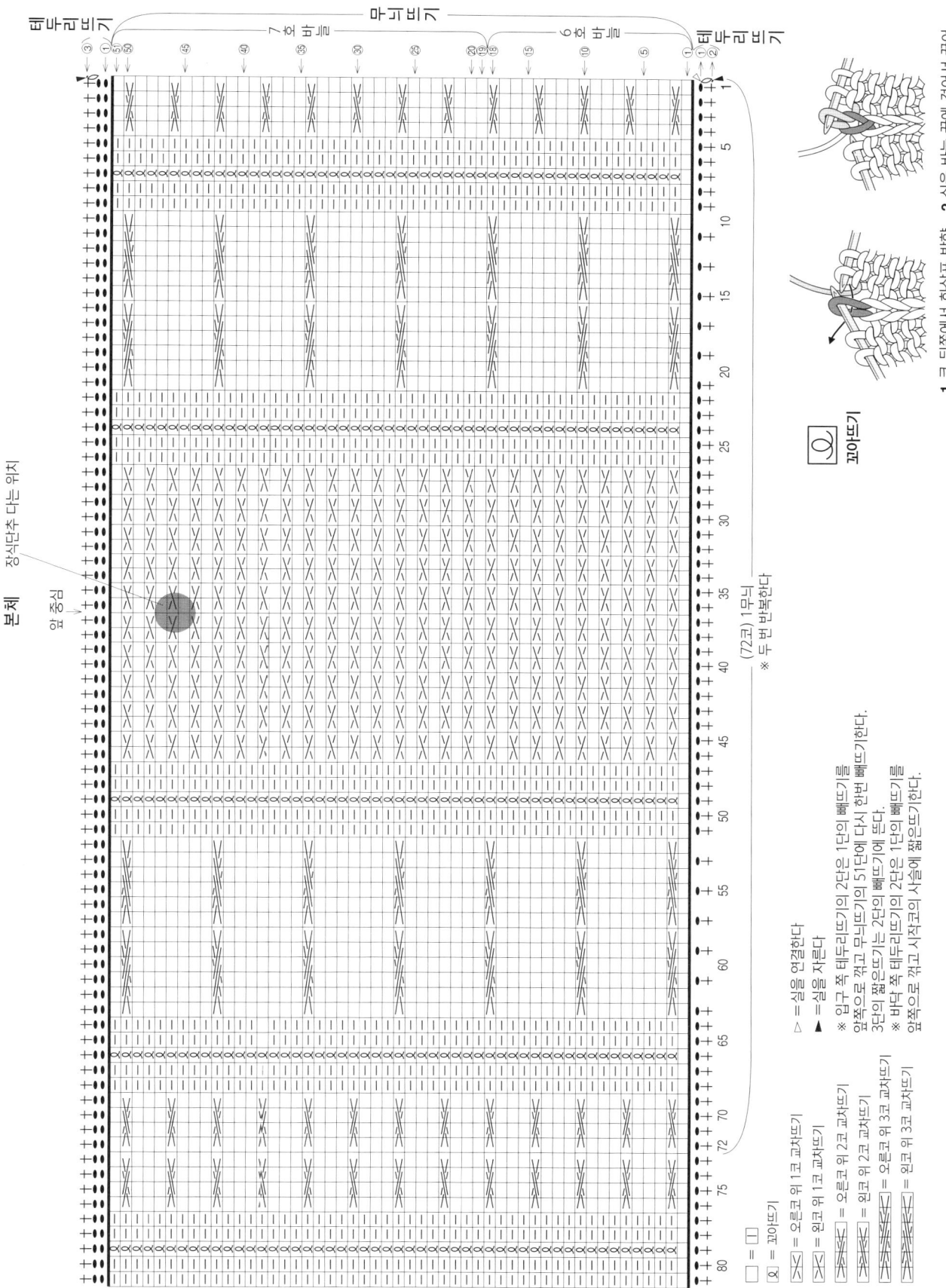

● p.58 다카코 블랭킷 뜨개 도안

본체

▷ =실을 연결한다
► =실을 자른다

⌡ =한길긴뜨기 앞걸어뜨기(안쪽에서 뜰 때는 뒤걸어뜨기한다)
  (60쪽 참조)

⌡ =한길긴뜨기 뒤걸어뜨기(안쪽에서 뜰 때는 앞걸어뜨기한다)
  (58쪽 참조)

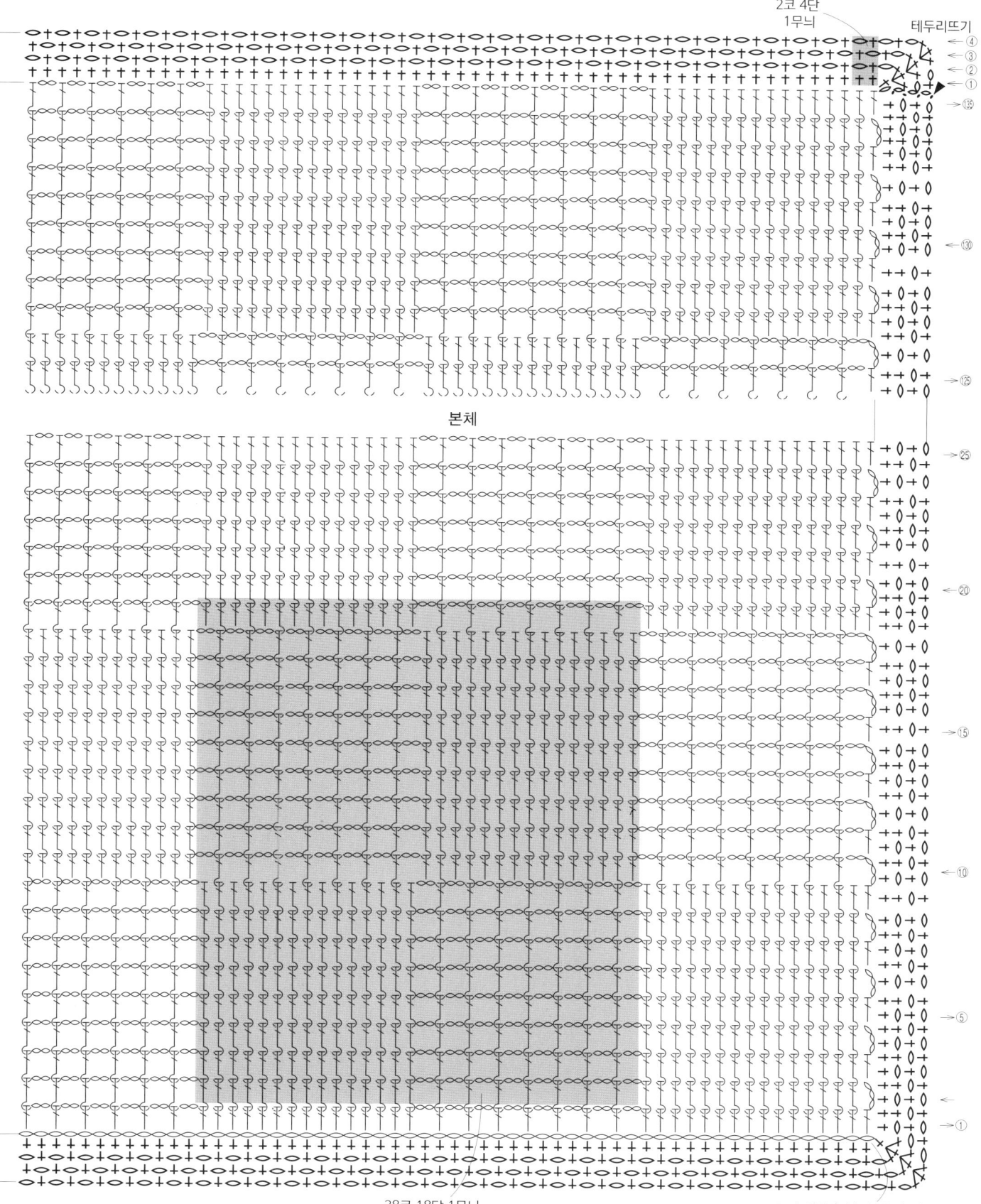

본체

2코 4단 1무늬
테두리뜨기

38코 18단 1무늬
※ 모눈뜨기의 사슬 2코는 빡빡하게 뜬다

뜨기 시작 (사슬 227코) 만든다

see page → p.14

– 다카코 블랭킷

Takako blanket

재료와 도구
스키 얀 스키 야와라카 코튼 베이비 에크루(2)
590g, 코바늘 3/0호

완성 치수
85cm×85cm

게이지
10cm×10cm 무늬뜨기 27.5코×16.5단

뜨는 방법 포인트
● 본체는 사슬 227코 시작코를 만들고 도안을 참조해서 무늬뜨기로 135단을 뜬다. 계속해서 본체 둘레에 테두리뜨기 4단을 뜬다.

한길긴뜨기 뒤걸어뜨기

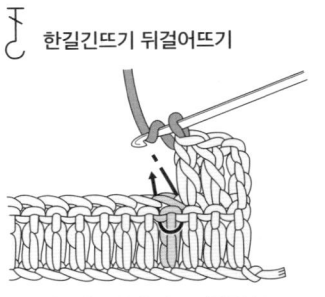

1 실을 바늘 끝에 걸고 아랫단 코의 다리 전체를 주워서 뒤쪽에서 바늘을 넣어 뒤쪽으로 빼서 한길긴뜨기를 뜬다.

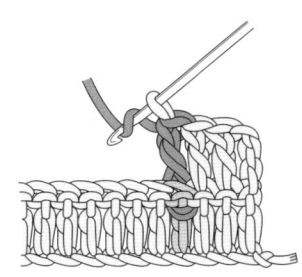

2 한길긴뜨기 뒤걸어뜨기 완성.

※ 전부 3/0호 바늘로 뜬다.

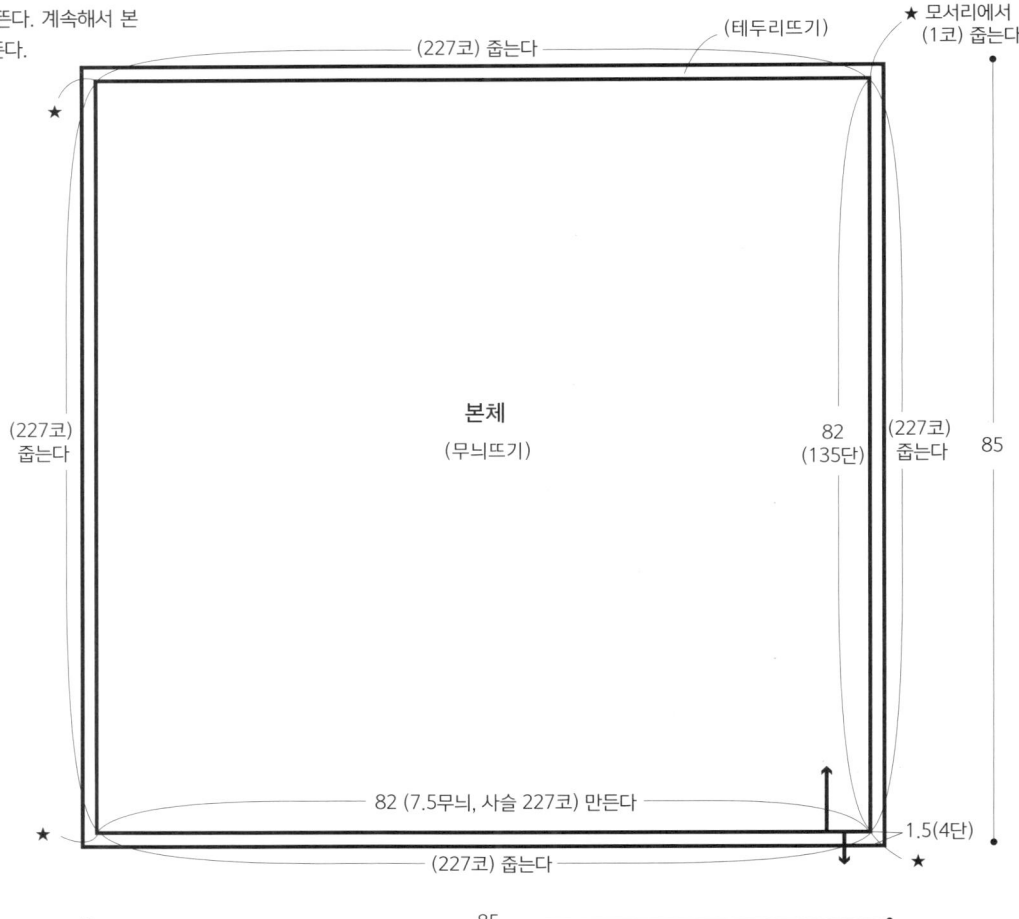

● 본체 뜨는 방법은 p.56으로 이어집니다.

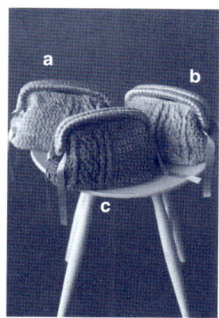

— see page → p.16
— 클러치백

Frame

재료와 도구
DMC 네추라 XL 300g, 다루마 기마 90g(색 번호는 아래 표 참조), 재스민 알루미늄 스프링 프레임(JS-1224)(24cm 실버) 1개, 폭 18mm 새틴 리본 620cm, 지름 18mm 장식단추 1개, 코바늘 10/0호, 8/0호

완성 치수
폭 34.5cm 높이 15cm (손잡이 미포함)

게이지
10cm×10cm 무늬뜨기 10.5코×6단

뜨는 방법 포인트
- 바닥, 옆면은 네추라 XL과 기마 2가닥으로 뜬다.
- 바닥은 사슬 11코의 시작코에서 코를 줍고 도안을 참조해서 짧은뜨기로 7단을 뜬다.
- 옆면은 도안을 참조해서 무늬뜨기로 9단까지 원통으로 뜬다. 프레임을 끼우는 부분은 네추라 XL 1가닥으로 각각 왕복뜨기한다.
- 마무리 방법을 참조해서 프레임을 끼우는 부분을 안쪽으로 꺾어 빼뜨기로 잇는다. 스프링 금속 부자재를 끼워서 마무리한다(44쪽 참조).

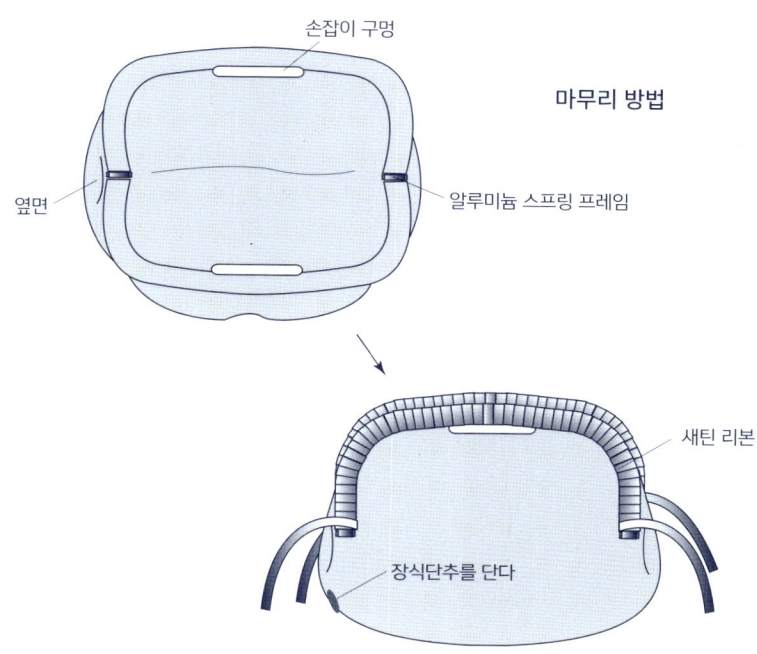

※ 프레임을 벌려 위에서 본 그림
손잡이 구멍
옆면
알루미늄 스프링 프레임
마무리 방법
새틴 리본
장식단추를 단다

① 다 뜨면 스프링 프레임을 끼워서 마무리한다(44쪽 참조).
1단의 빼뜨기(손잡이 부분은 사슬뜨기)와 마지막 단 한길긴뜨기의 코머리를 겹쳐서 빼뜨기로 이어 합친다.
원통 모양으로 이은 뒤 스프링 프레임을 끼운다.(끼우면서 떠도 좋다)
② ①의 손잡이 위에 새틴 리본을 단단히 감는다(44쪽 참조).

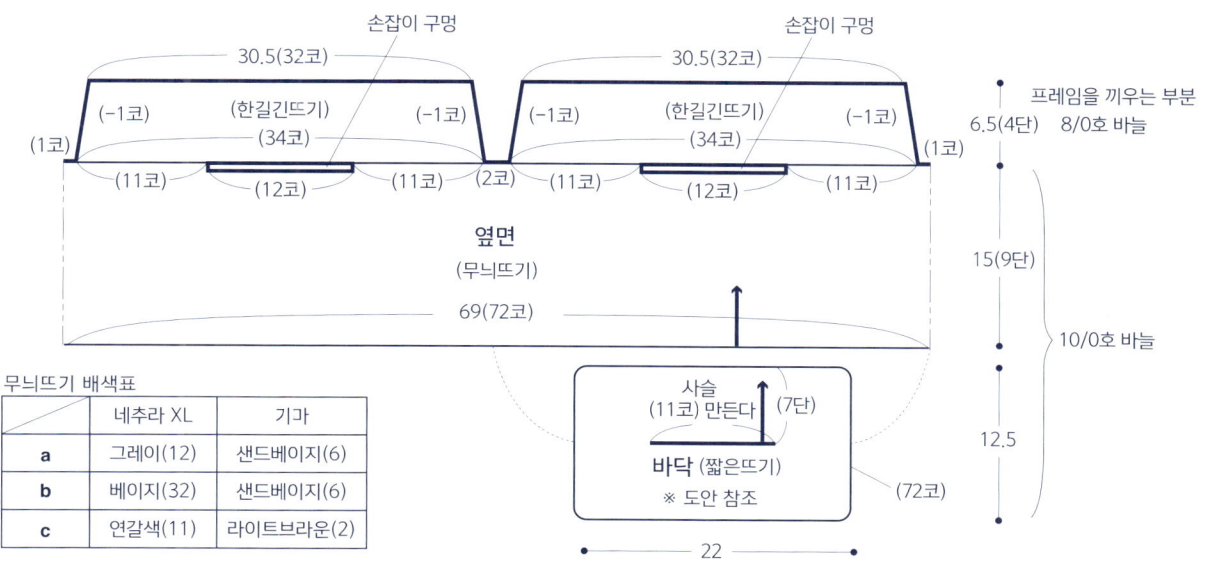

무늬뜨기 배색표	네추라 XL	기가
a	그레이(12)	샌드베이지(6)
b	베이지(32)	샌드베이지(6)
c	연갈색(11)	라이트브라운(2)

● 뜨는 방법은 p.60으로 이어집니다.

● p.59 클러치백 뜨개 도안

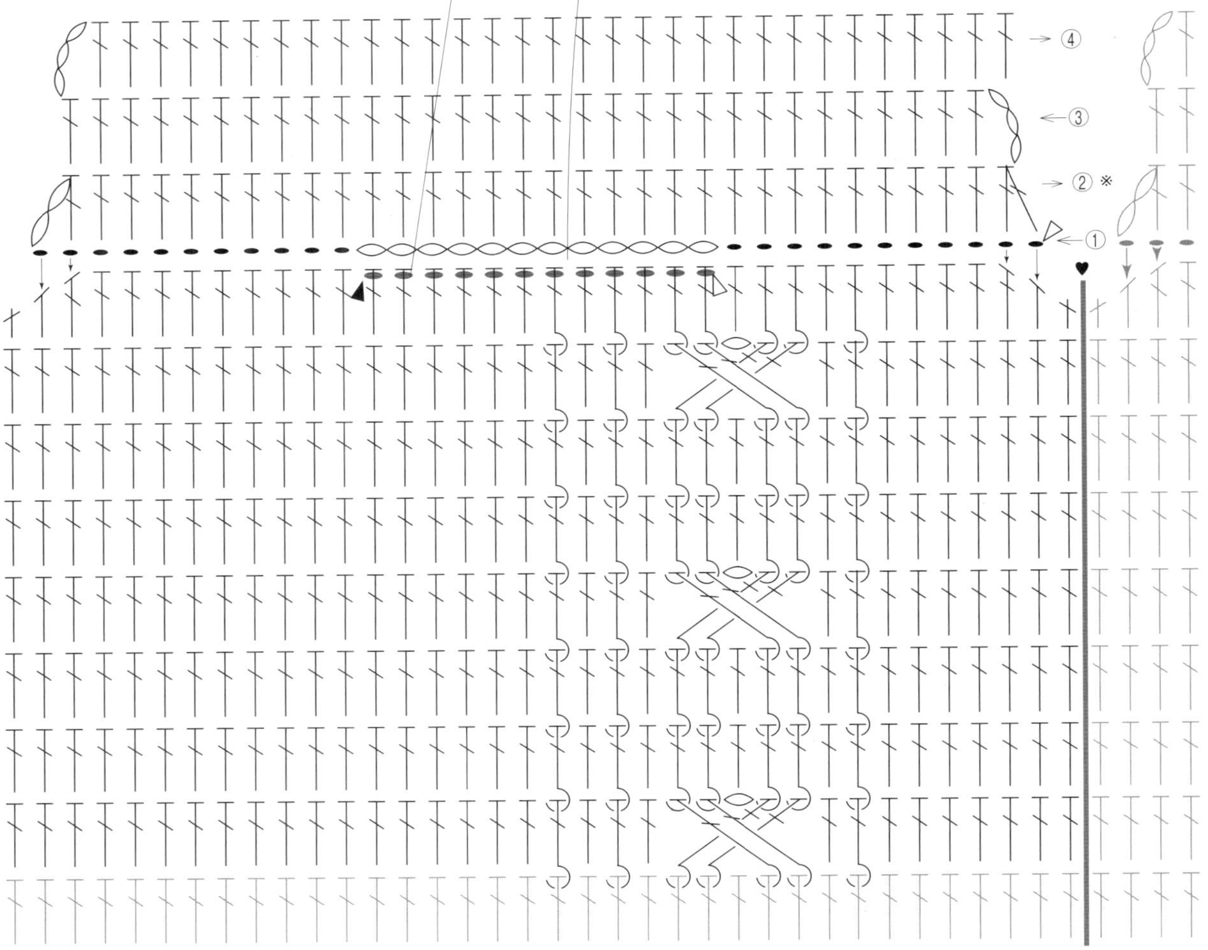

옆면

빼뜨기로 보강한다(네추라 XL 1가닥)
손잡이 구멍

= 한길긴뜨기 앞걸어뜨기

= 한길긴뜨기 앞걸어뜨기 2코 교차뜨기(사이에 사슬 1코)

※ 프레임을 끼우는 부분의 2단은 빼뜨기를 뒤쪽으로 꺾어서 아랫단의 코머리를 줍는다
(사슬뜨기 부분은 코산을 줍는다)

▷ = 실을 연결한다
▶ = 실을 자른다

한길긴뜨기 앞걸어뜨기

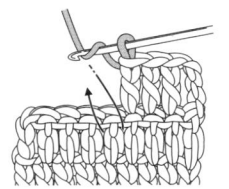

1 실을 바늘 끝에 걸고 아랫단 코의 다리 전체를 주워서 앞쪽에서 바늘을 넣는다.

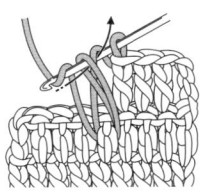

2 한길긴뜨기를 뜬다.

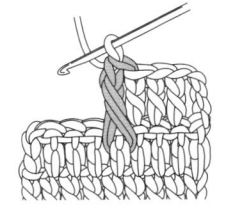

3 한길긴뜨기 앞걸어뜨기 완성.

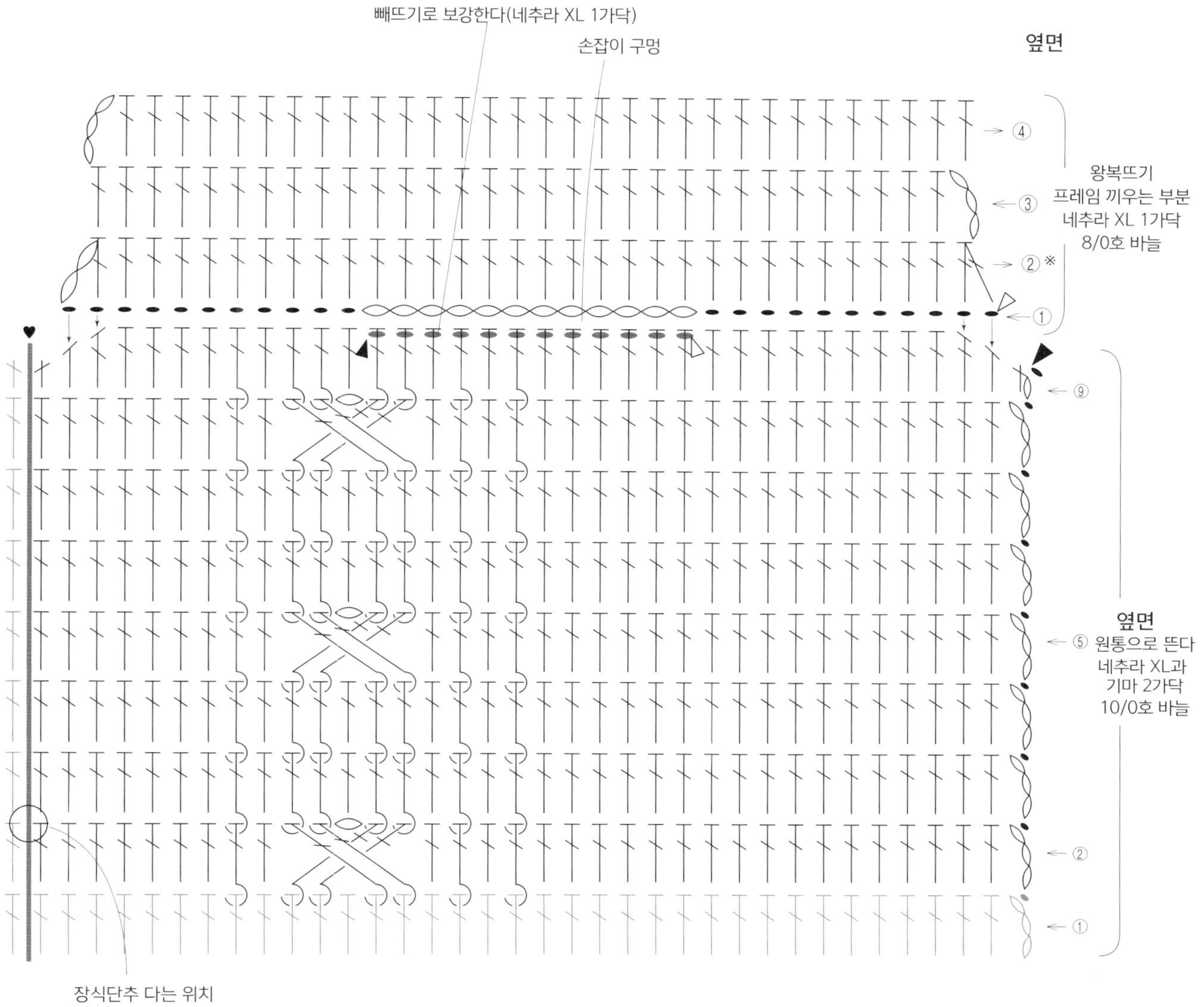

빼뜨기로 보강한다(네추라 XL 1가닥)

손잡이 구멍

옆면

④

왕복뜨기
프레임 끼우는 부분
네추라 XL 1가닥
8/0호 바늘

③

② ※

①

⑨

옆면
⑤ 원통으로 뜬다
네추라 XL과
기마 2가닥
10/0호 바늘

②

①

장식단추 다는 위치

바닥

옆면
①

네추라 XL과
기마 2가닥
10/0호 바늘

뜨기 시작
(사슬 11코)
만든다

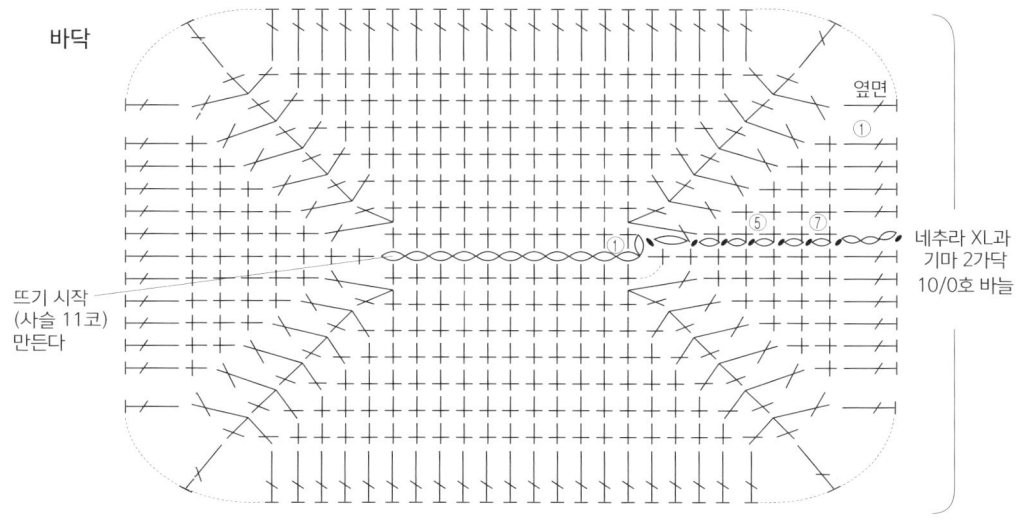

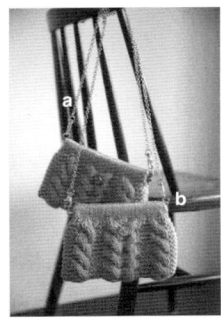

— see page → p.18
— 스마트폰 포셰트

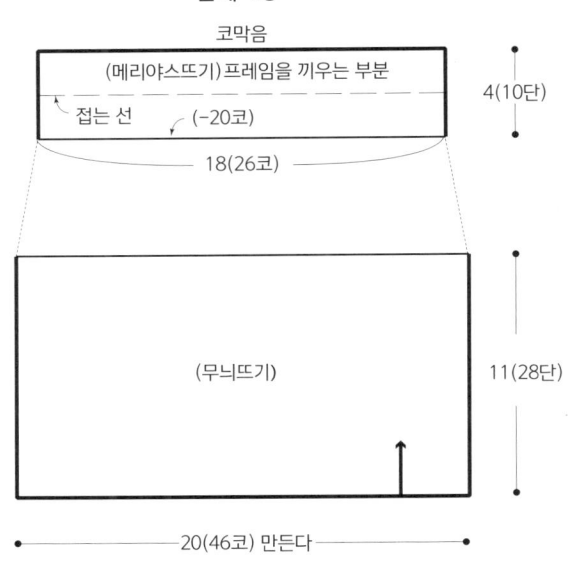

본체 2장
코막음
(메리야스뜨기)프레임을 끼우는 부분
접는 선 (-20코)
4(10단)
18(26코)
(무늬뜨기)
11(28단)
20(46코) 만든다

※ 시작코를 제외하고는 11호 바늘로 뜬다.

Aran pochette

재료와 도구
a / DMC 네추라 XL 그레이(12) 125g
b / DMC 네추라 XL 베이지(32) 125g
<공통> 재스민 4등분 스프링 프레임(JS8518-G)
(18cm, D링 포함, 골드) 1개, 지름 18mm
장식단추 1개, 대바늘 11호, 코바늘 7/0호

완성 치수
폭 20cm 높이 13cm

게이지
10cm×10cm 무늬뜨기 23코×25.5단

뜨는 방법 포인트
● 본체는 코바늘 7/0호로 사슬뜨기를 이용하는 대바늘 시작코 46코를 만들고 사슬코 코산에서 대바늘로 코를 주워 도안을 참조하여 무늬뜨기로 28단을 뜬다. 그런 다음 1단에서 코를 줄여서 메리야스뜨기로 프레임을 끼우는 부분을 뜬다. 끝부분은 코막음을 한다. 이 과정으로 2장을 뜬다.
● 마무리 방법을 참조해서 완성한다.

마무리 방법

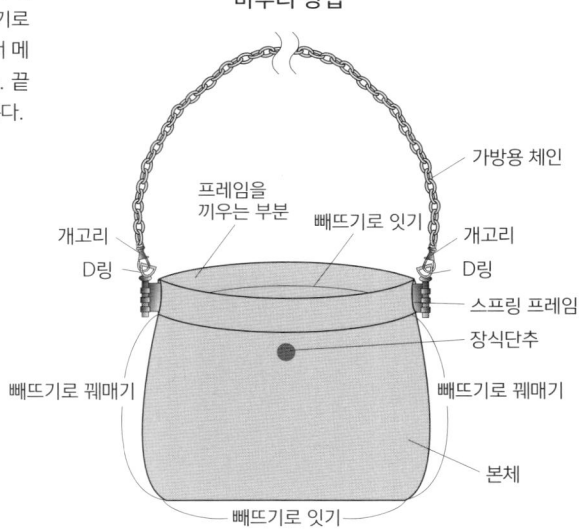

가방용 체인
프레임을 끼우는 부분
빼뜨기로 잇기
개고리
D링
개고리
D링
스프링 프레임
장식단추
빼뜨기로 꿰매기
빼뜨기로 꿰매기
본체
빼뜨기로 잇기

① 본체 2장을 뜬 뒤 겉쪽끼리 마주 보게 놓고 옆은 빼뜨기로 꿰매고 바닥은 빼뜨기로 이어 연결한다(43쪽 참조).
② 프레임을 끼우는 부분을 안쪽으로 접어서 빼뜨기로 이어 연결한다(43쪽 참조).
③ 프레임을 끼우는 부분에 부속 D링을 뺀 스프링 프레임을 끼운다.
④ 빼놓은 D링을 다시 단다(43쪽 참조).
⑤ D링에 가방용 체인을 연결한다.
⑥ 장식단추는 지정한 위치에 단다.

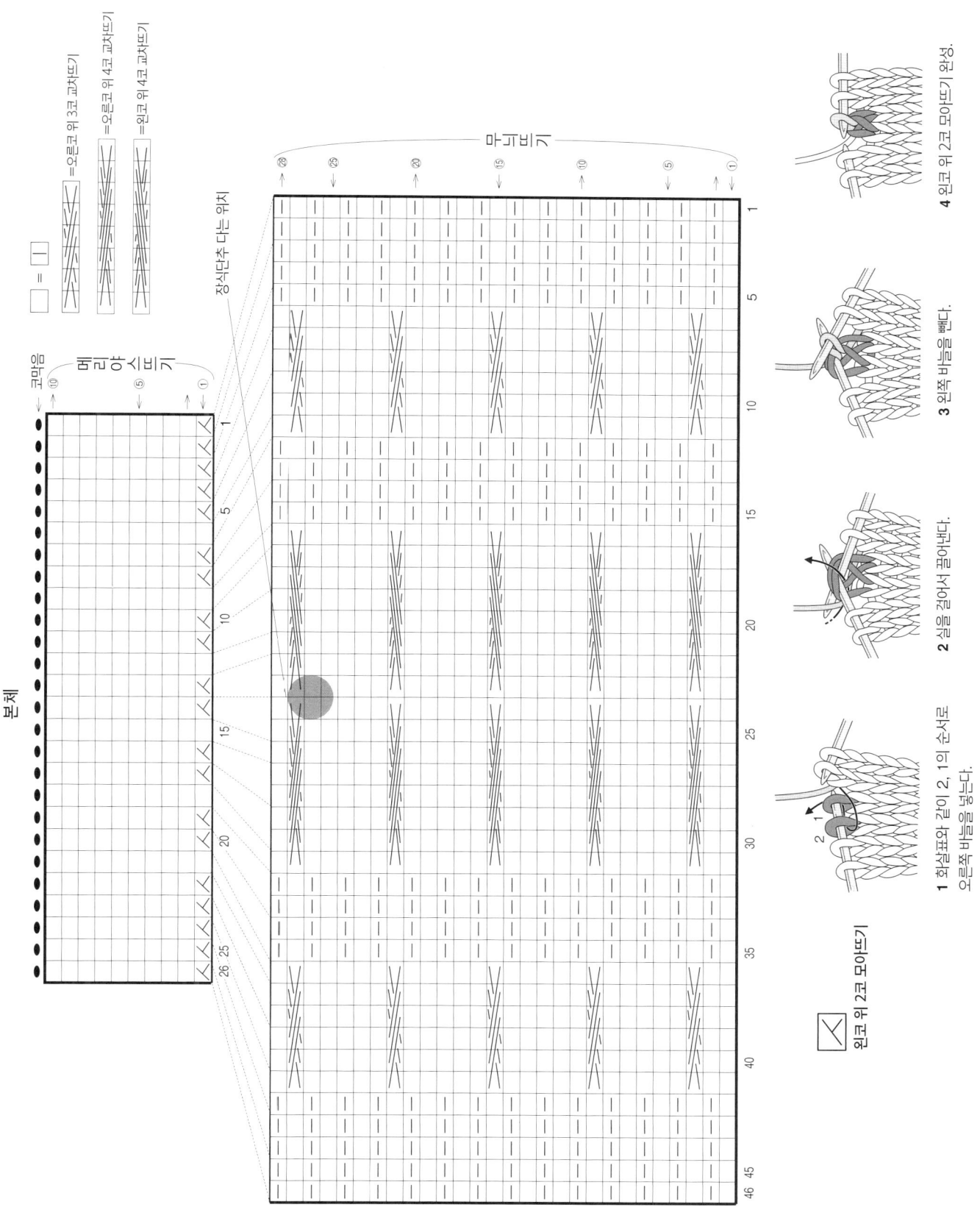

see page → p.22

칼럼

Column

재료와 도구
a / 하마나카 에코안다리아 내추럴(23) 240g,
블랙(30) 75g
b / 하마나카 에코안다리아 내추럴(23) 240g,
쇼킹핑크(46) 75g
<공통> 바닥판(지름 16.5cm) 1장, 지름 14mm 자석
단추 1세트, 지름 18mm 장식단추 1개, 코
바늘 7/0호

완성 치수
둘레 59cm 높이 23cm (손잡이 미포함)

게이지
10cm×10cm 옆면 짧은뜨기 14코×16.5단

뜨는 방법 포인트
- 실은 지정한 부분 외에는 2가닥으로 뜬다.
- 바닥은 2장을 뜬다. 각각 원형뜨기 시작코로 뜨기 시작해서 도안을 참조하여 콧수를 늘려가며 짧은뜨기로 12단을 뜬다(바닥 뜨는 방법 참조).
- 옆면은 바닥 2장 사이에 바닥판을 끼워 넣어 겹친 뒤 코를 주워 38단을 뜬다.
- 손잡이는 사슬 125코로 시작코를 만들고 그림을 참조해서 짧은뜨기로 10단을 뜬다.
- 손잡이는 옆면의 지정한 위치에 반박음질해서 단다. 자석단추는 옆면 안쪽, 장식단추는 옆면 바깥쪽의 지정한 위치에 단다.

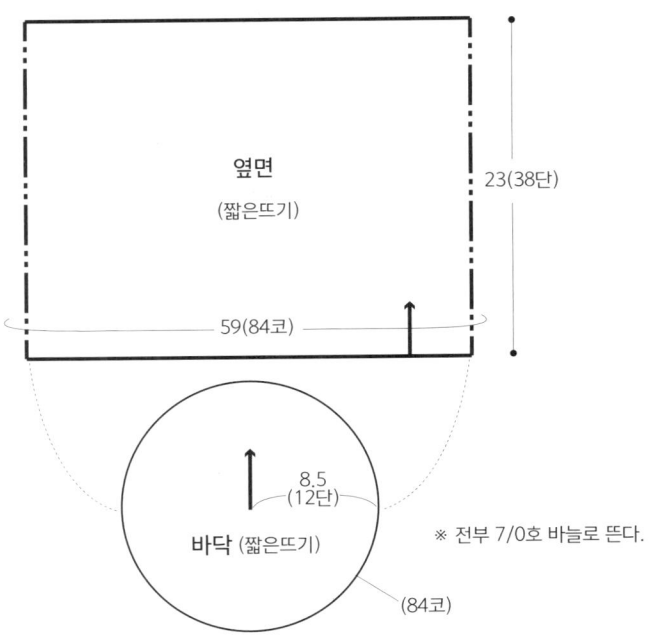

배색표

	a	b
바닥, 옆면	내추럴	내추럴
손잡이	블랙	쇼킹핑크

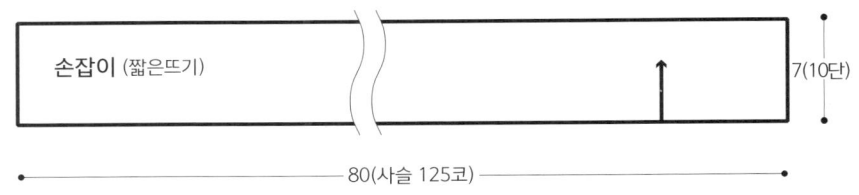

마무리 방법
① 손잡이는 옆면의 손잡이 다는 위치에 꿰매서 연결한다.
② 자석단추는 옆면의 지정한 위치 안쪽에 꿰매서 달고 장식단추는 바깥쪽에 꿰매서 단다.

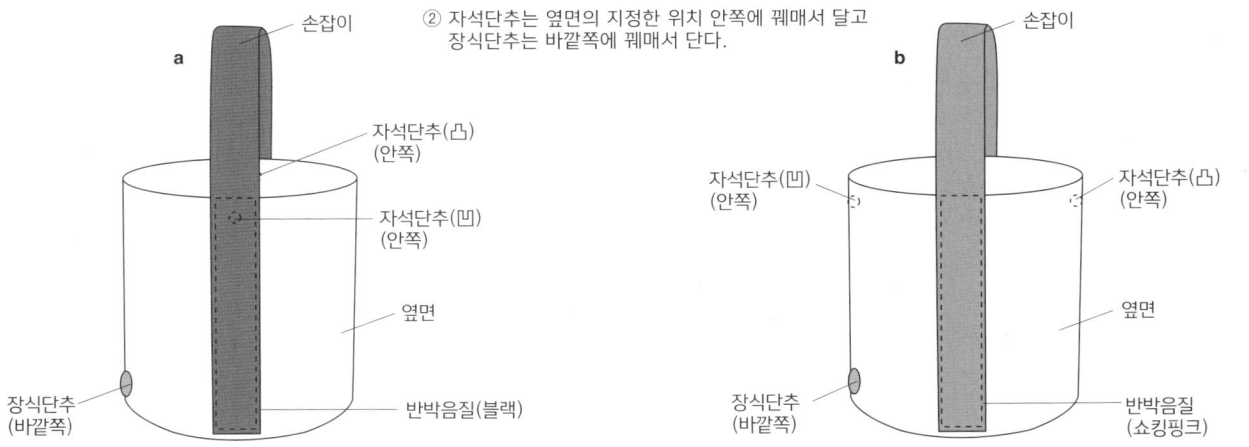

손잡이

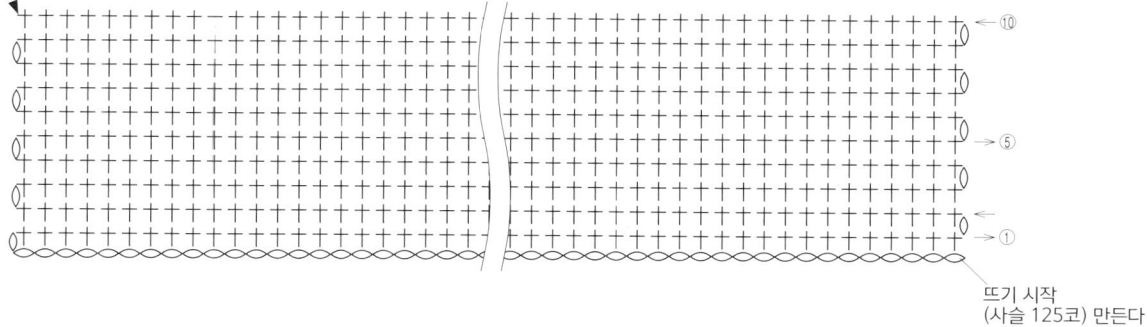

뜨기 시작
(사슬 125코) 만든다

바닥

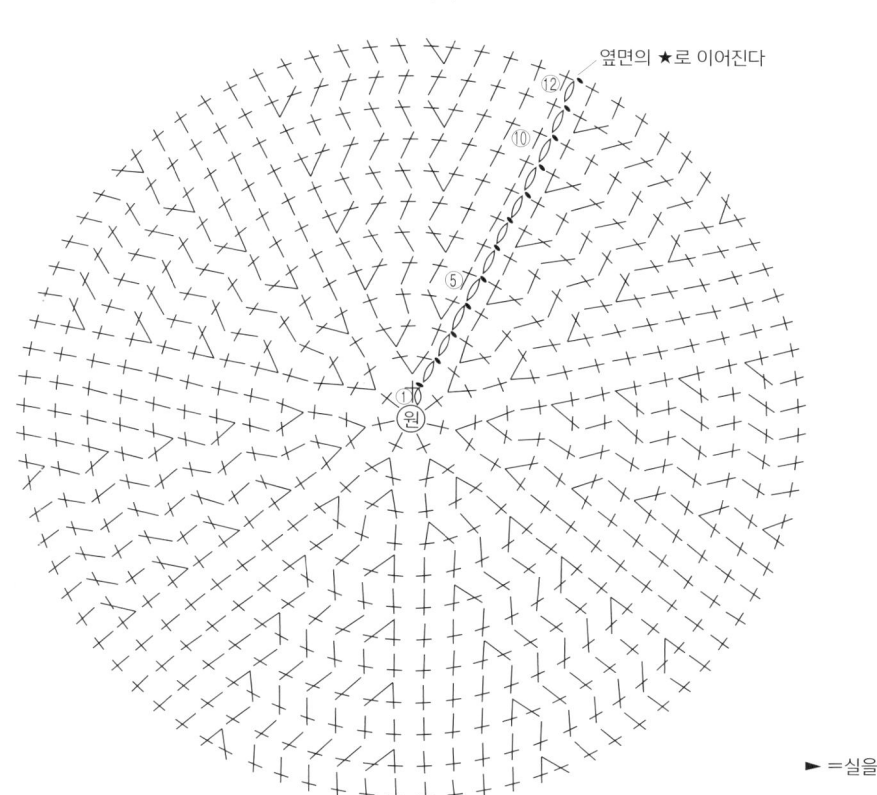

옆면의 ★로 이어진다

바닥 콧수표		
단	콧수	
12단	84코	(+7코)
11단	77코	(+7코)
10단	70코	(+7코)
9단	63코	(+7코)
8단	56코	(+7코)
7단	49코	(+7코)
6단	42코	(+7코)
5단	35코	(+7코)
4단	28코	(+7코)
3단	21코	(+7코)
2단	14코	(+7코)
1단	7코	

▶ = 실을 자른다

실을 자른다

① 바닥은 2장을 뜬다. 한 장은 실 2가닥으로 도안을 참조해서 12단을 뜬다(❶).
  다른 한 장은 실 2가닥으로 10단까지 뜨고 11, 12단은 1가닥으로 뜬다(❷).
② ❶과 ❷를 안쪽끼리 마주 보게 겹쳐서 바닥판을 사이에 끼워 넣고 ❶의 겉면을 보며
  ❶과 ❷의 짧은뜨기 코머리를 주워서 옆면의 1단을 실 2가닥으로 뜬다.

● 옆면 뜨는 방법은 **p.66**으로 이어집니다.

● **p.65 칼럼 뜨개 도안**

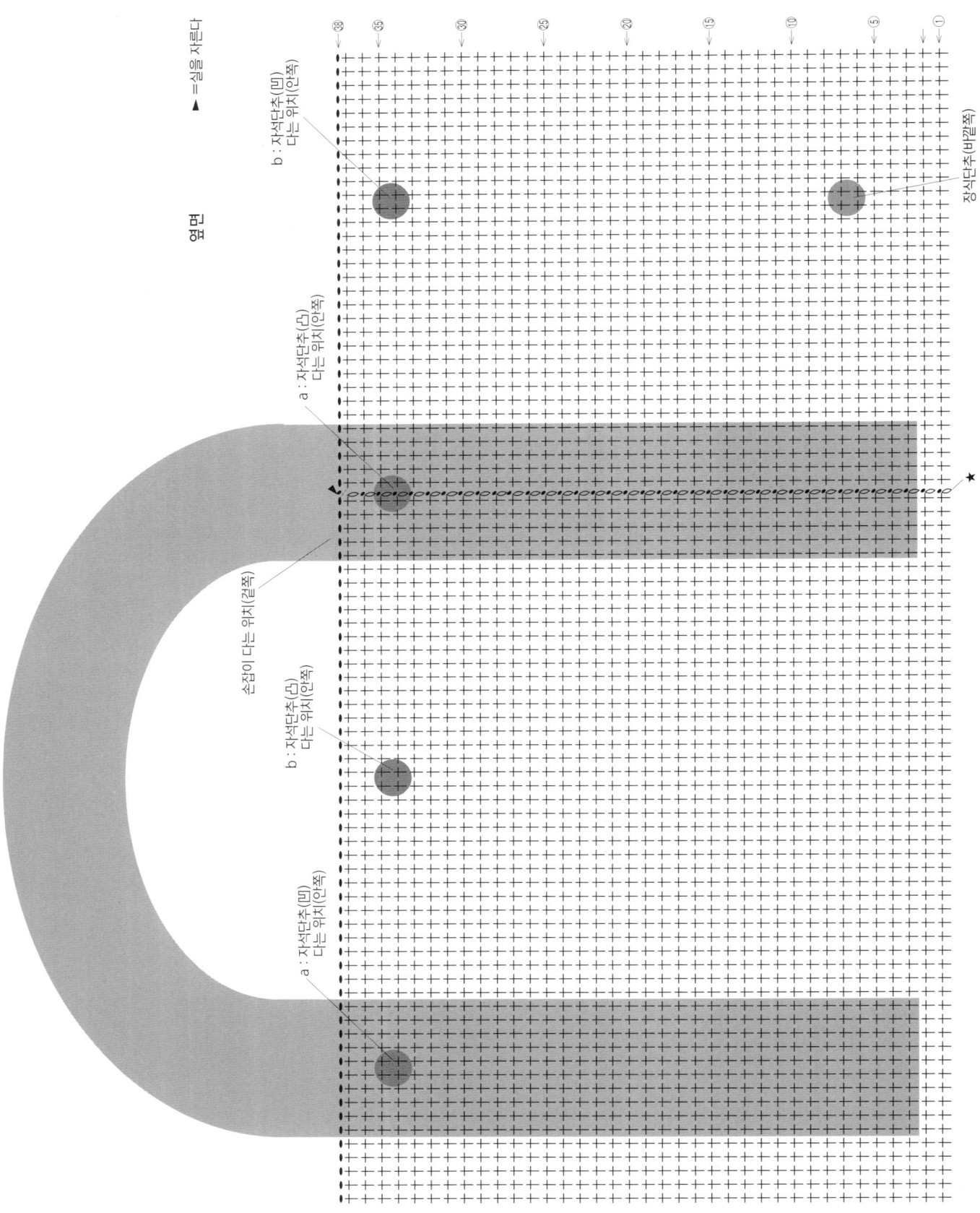

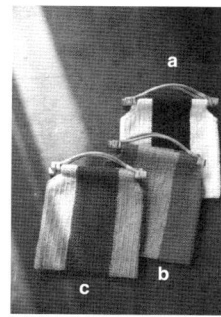

— see page → p.24

— 카나파

Canapa

재료와 도구
a / 다루마 마끈 화이트(11) 240g(약 175m), 검정(4) 150g(약 110m)
b / 다루마 마끈 테라코타(12) 240g(약 175m), 내추럴(1) 150g(약 100m)
c / 다루마 마끈 내추럴(1) 240g(약 160m), 올리브(13) 150g(약 110m)
<공통> 이나즈마 등나무 손잡이(RM-13) 1세트,
코바늘 7/0호

완성 치수
폭 31cm 높이 32.5cm

게이지
10cm×10cm 무늬뜨기 14.5코×13.5단

뜨는 방법 포인트
● 본체는 실 200센티미터를 남기고 사슬 72코로 시작코를 만들어 도안을 참조해서 짧은뜨기 무늬뜨기로 뜬다. 콧수를 늘려가며 7단을 뜬 뒤 왼쪽은 이어서 뜨고 오른쪽은 미리 사슬 10코를 만들어놓고 양끝에서 사슬코 코산을 주워 10코를 만들어 콧수 증감 없이 28단을 뜬다. 그런 다음 양끝에서 콧수를 줄여가며 7단을 뜨고 실 200센티미터를 남겨서 자른다.
● 남겨놓은 실을 사용해 빼뜨기로 옆을 이어 붙이고 마무리 방법을 참조해서 완성한다.

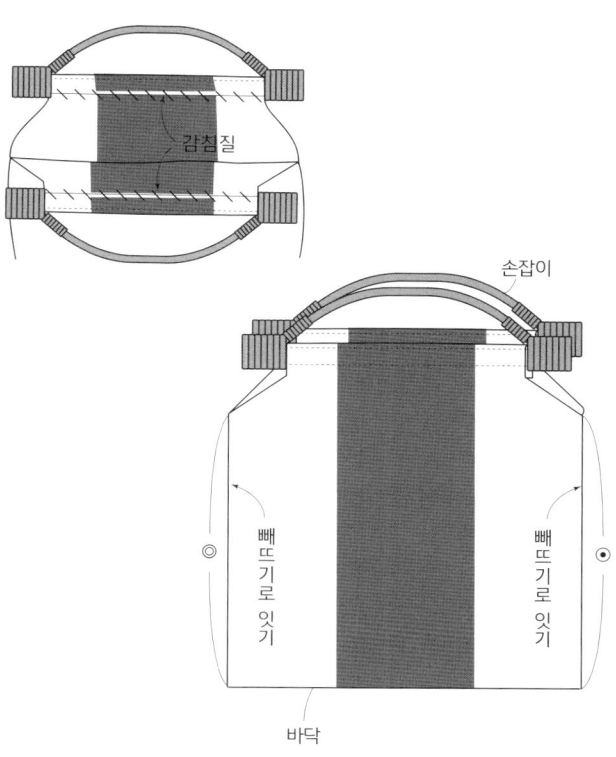

마무리 방법

① 본체는 겉쪽끼리 마주 보는 상태로 겹쳐서 ⊙과 ⊙, ◎과 ◎을 각각 남겨놓은 실을 사용해 빼뜨기로 이어 붙인다.
② 입구 옆쪽에 빼뜨기 1단을 뜬다.
③ 손잡이 통과 부분에 손잡이를 끼워 넣고 안쪽으로 꺾어서 감침질로 고정한다.

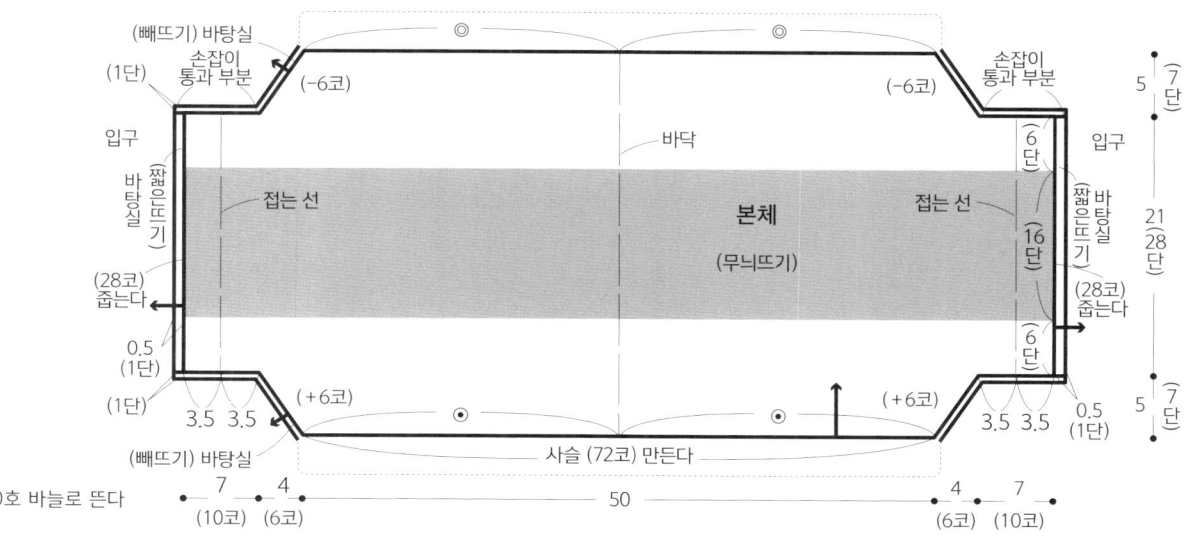

※ 전부 7/0호 바늘로 뜬다

● 뜨는 방법은 p.68로 이어집니다.

● p.67 카나파 뜨개 도안

배색표

바탕실 ±	a	b	c
바탕실 ±	화이트	테라코타	내추럴
배색실 ±	검정	내추럴	올리브

± =짧은뜨기 무늬뜨기(겉단, 안단 모두 아랫단 짧은뜨기 코머리의 앞쪽 실 1가닥을 주워서 뜬다)

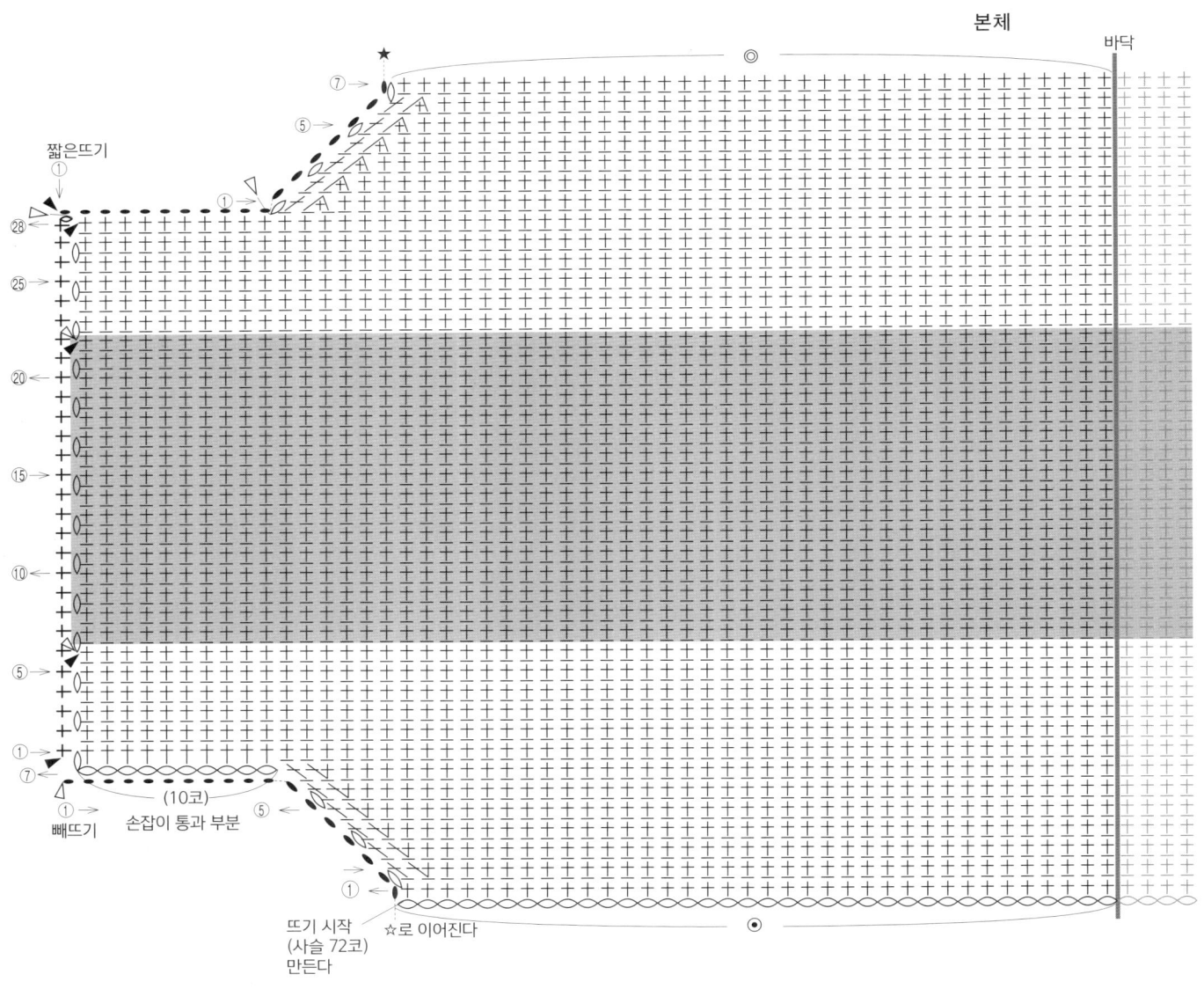

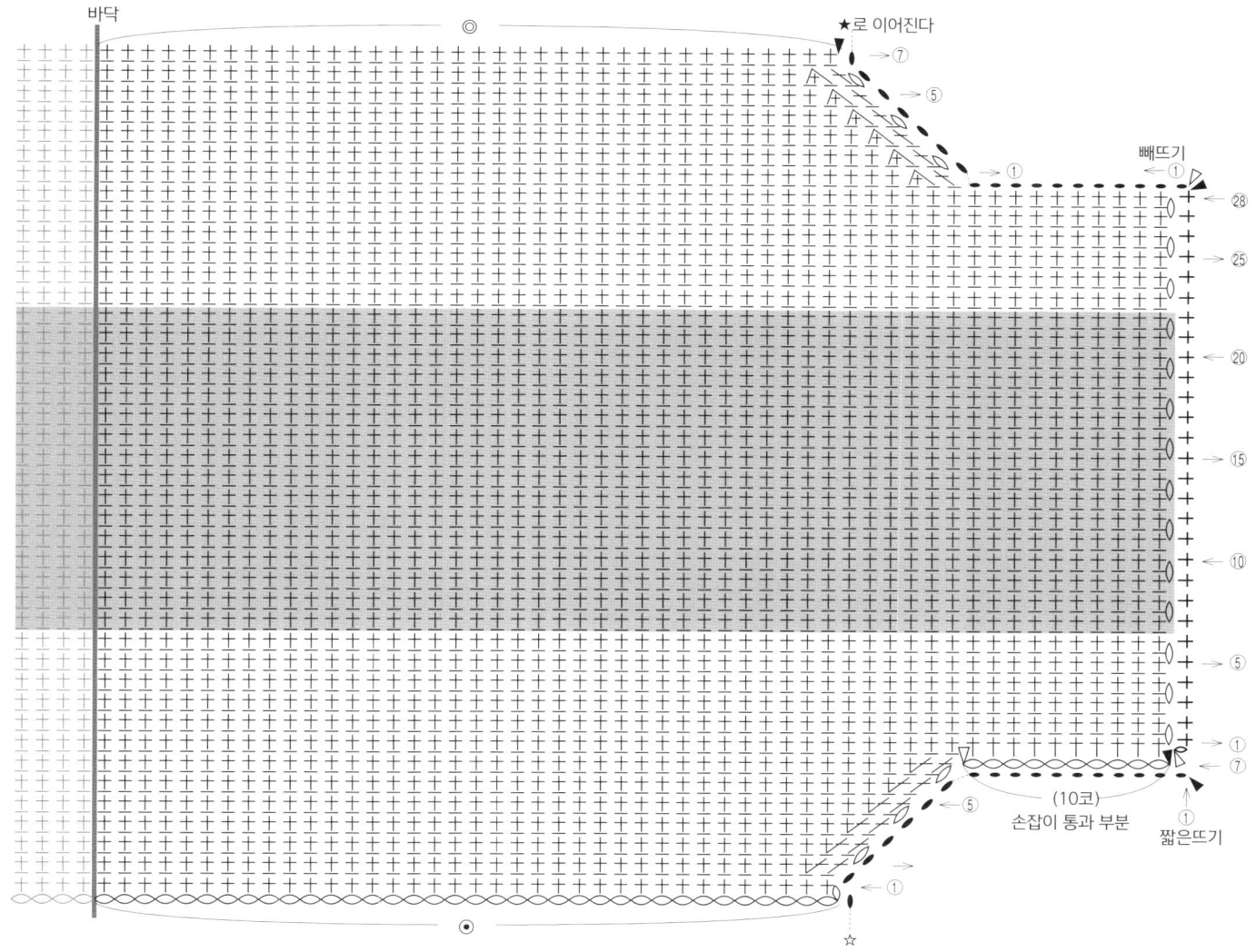

● p.72 레테 뜨개 도안

옆면　　　　　　　　　　　　　　　　앞 중심　D링 고정 고리 다는 위치　　　　　　　　옆

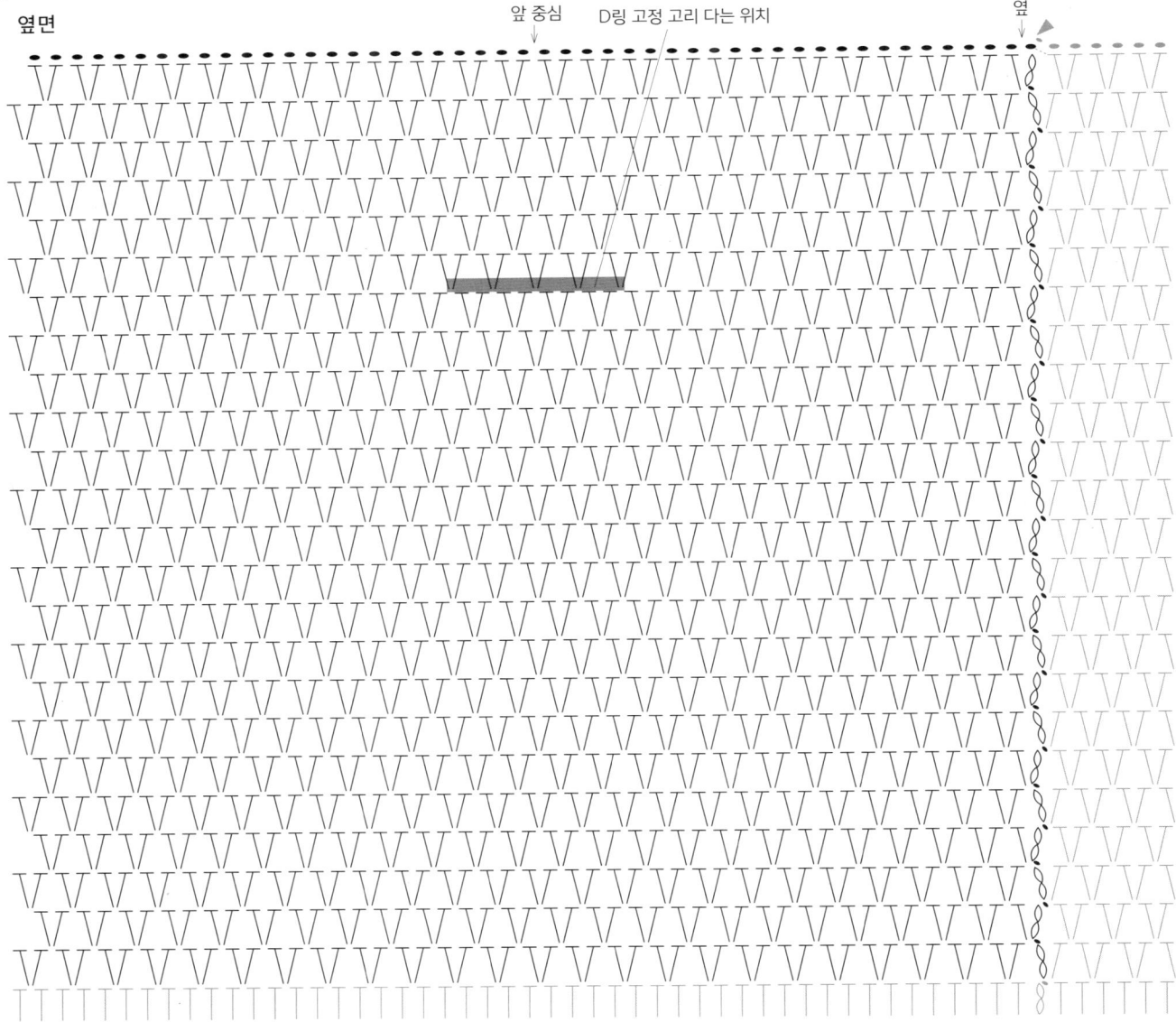

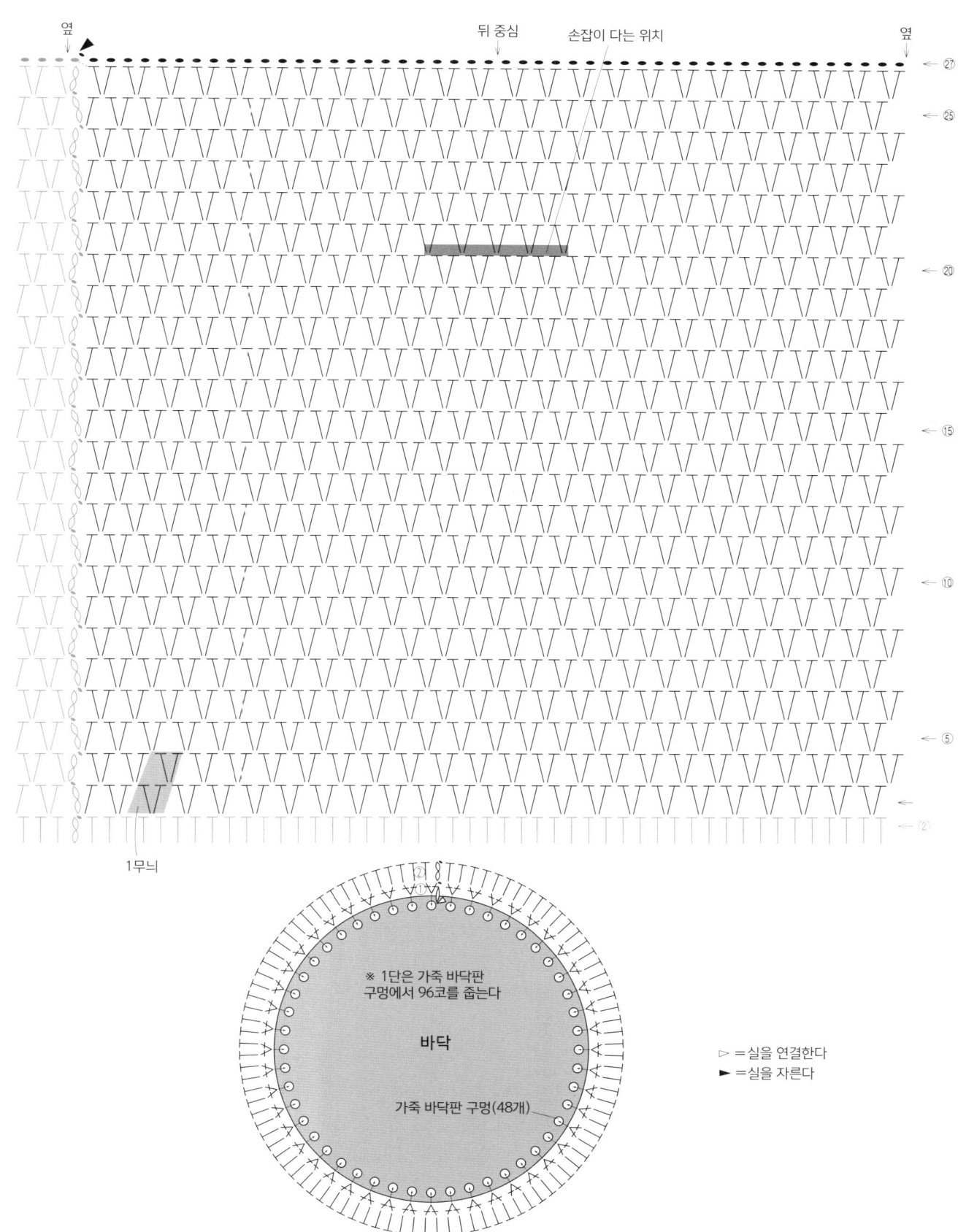

see page → p.26

— 레테

Rete

재료와 도구
퍼피 리피 내추럴(761) 125g, 하마나카 가죽 바닥판 원형(H204-596-2)(지름 15.6cm, 구멍 48개) 1장, D링(50mm, 골드) 1개, 코바늘 6/0호

완성 치수
둘레 57cm 높이 22cm (손잡이 미포함)

게이지
10cm×10cm 무늬뜨기 8.5무늬×12.5단

뜨는 방법 포인트
- 실은 전부 2가닥으로 뜬다.
- 옆면은 가죽 바닥판에서 코를 줍고 도안을 참조해서 27단을 뜬다.
- 손잡이는 사슬 10코로 시작코를 만들고 짧은뜨기로 54단을 뜬다. 양옆을 빼뜨기로 정리한다.
- D링 고정 고리는 사슬 10코로 시작코를 만들고 짧은뜨기로 12단을 뜬다. 양옆을 빼뜨기로 정리한다.
- 손잡이와 D링 고정 고리는 마무리 방법을 참조하여 옆면의 지정한 위치에 감침질해서 연결한다.

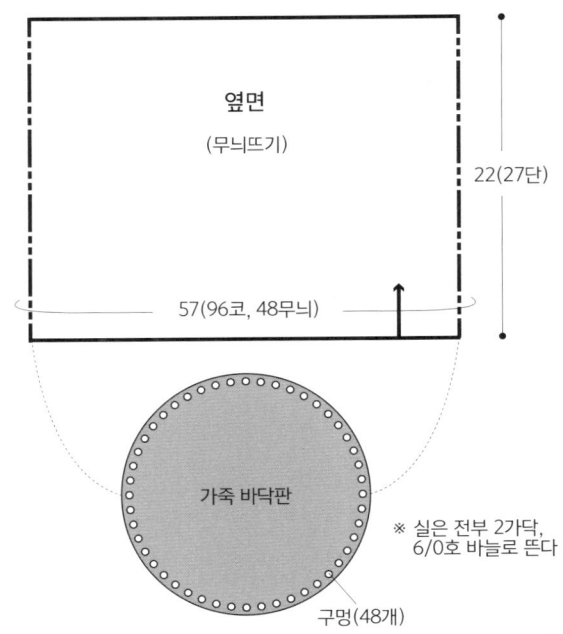

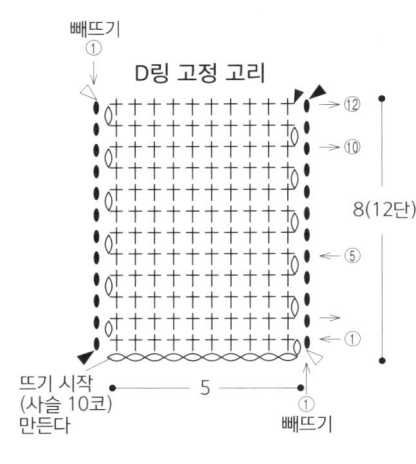

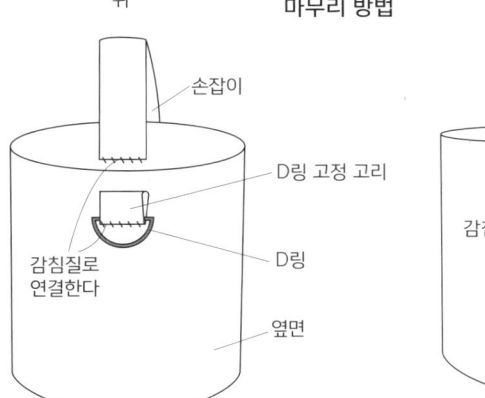

① 손잡이는 반으로 접어서 옆면의 손잡이 다는 위치에 바짝 붙인 상태로 감침질한다.
② D링 고정 고리는 D링을 끼운 뒤 반으로 접어서 지정한 위치에 감침질로 연결한다.

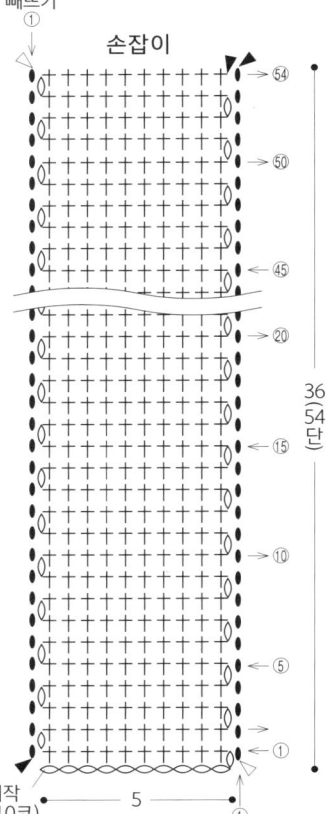

● 뜨는 방법은 p.70으로 이어집니다.

see page → **p.28**

— 다미에

Damier

재료와 도구
메르헨아트 마닐라헴프사 스트로(507) 130g, 블랙(510) 110g, 니폰추코 발 달린 아일렛 손잡이 (SGM200-G)(11cm×5cm, 골드) 1세트, 코바늘 7/0호

완성 치수
가로 27cm 높이 33cm

게이지
10cm×10cm 짧은뜨기 이랑뜨기의 배색무늬뜨기 18.5코×12단

뜨는 방법 포인트
- 실은 전부 2가닥으로 뜬다.
- 본체는 실 150센티미터를 남기고 사슬 100코로 시작코를 만들어 원형으로 연결한다. 그런 다음 사슬코 코산을 주워서 도안을 참조하여 짧은뜨기 이랑뜨기의 배색무늬뜨기로 39단까지 뜨고 40단만 빼뜨기로 뜬다. 도중에 32단부터 35단까지 아일렛 손잡이 연결 위치는 도안을 참조해서 뜬다.
- 바닥은 본체를 겉쪽끼리 마주 보게 놓고 처음에 남겨놓은 실을 사용해서 시작 부분 사슬코 안쪽의 반코를 함께 빼뜨기로 이어 연결한다.
- 아일렛 손잡이 연결 위치에 손잡이를 단다(42쪽 참조).

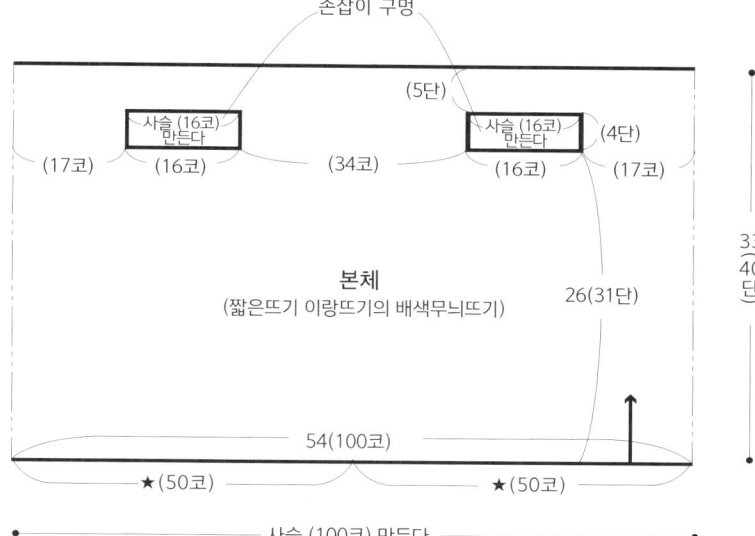

※ 실은 전부 2가닥, 7/0호 바늘로 뜬다.

마무리 방법

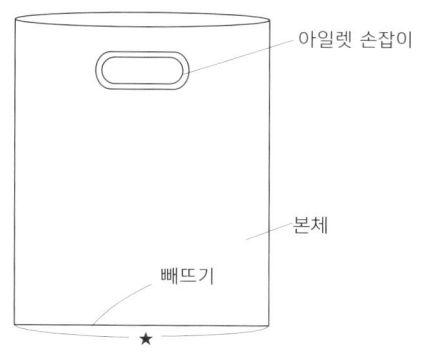

바닥 빼뜨기 위치

시작코 사슬 안쪽의 실 1가닥을 주워서 빼뜨기한다.

① 바닥은 본체를 안으로 뒤집어서 겉쪽끼리 마주 보게 놓고 ★끼리 맞춰서 시작코 사슬 안쪽의 실 1가닥을 주워 빼뜨기로 잇는다.
② 아일렛 손잡이 연결 위치에 손잡이를 단다(손잡이 다는 방법은 42쪽 참조)

● 뜨는 방법은 **p.74**로 이어집니다.

● p.73 다미에 뜨개 도안

본체

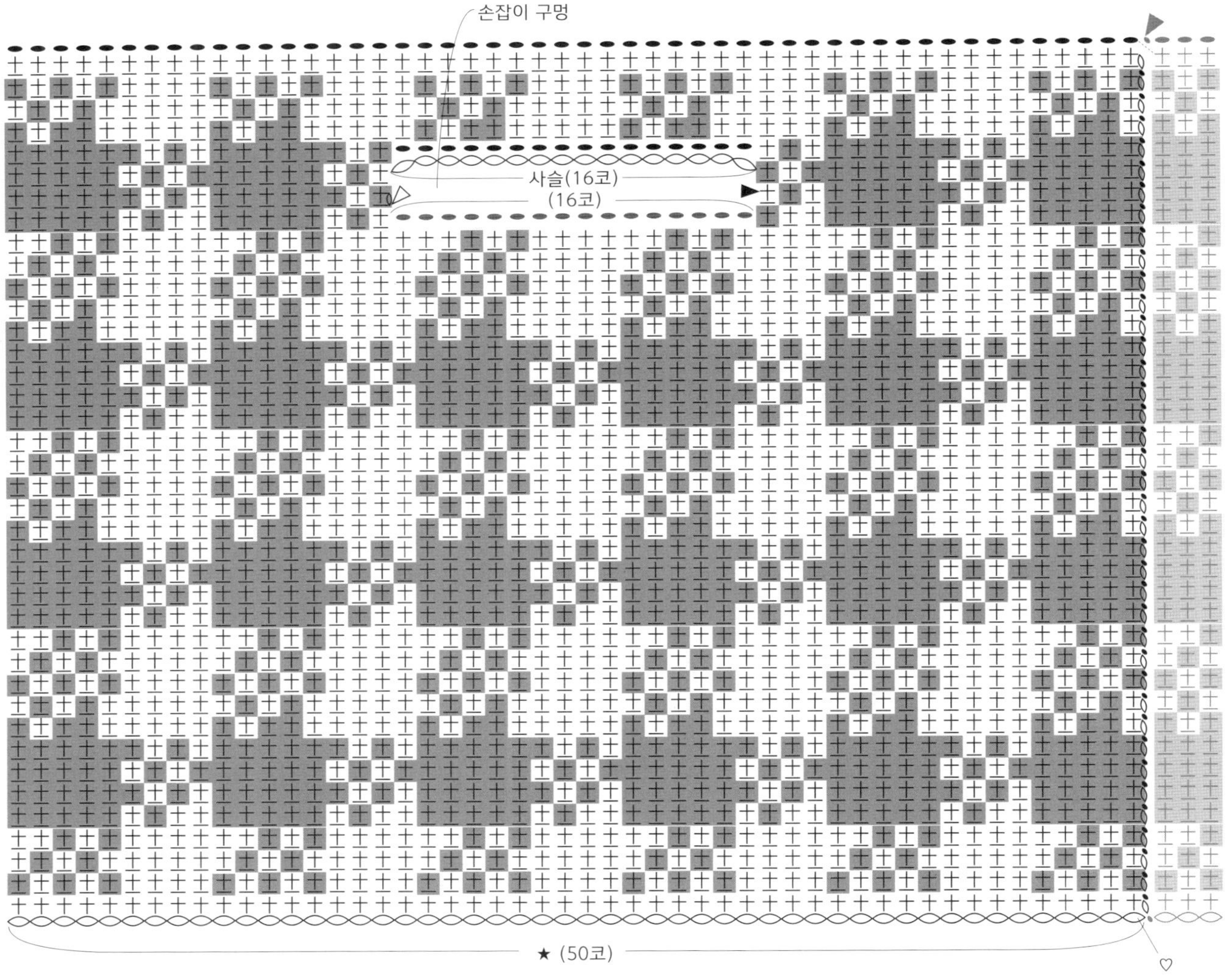

손잡이 구멍
사슬(16코)
(16코)
★ (50코)

♡ 뜨기 시작
(사슬 100코)
만든다

± =짧은뜨기 이랑뜨기

배색 { ± =스트로, ± =블랙

▷ =실을 연결한다

► =실을 자른다

짧은뜨기 배색무늬뜨기

6
5
4
3
2
1

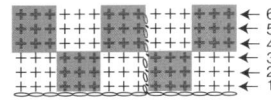

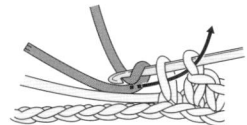

1 색을 바꾸기 1코 전의 짧은뜨기, 마지막에 실을 빼낼 때 배색실을 바꾼다.

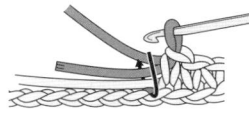

2 바탕실과 배색실의 실끝을 함께 떠서 실을 감싸며 뜬다.

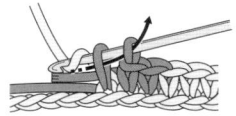

3 배색실로 마지막에 실을 빼낼 때 바탕실로 바꾼다.

4 배석실을 감싸며 바탕실로 짧은뜨기를 한다.

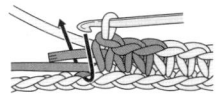

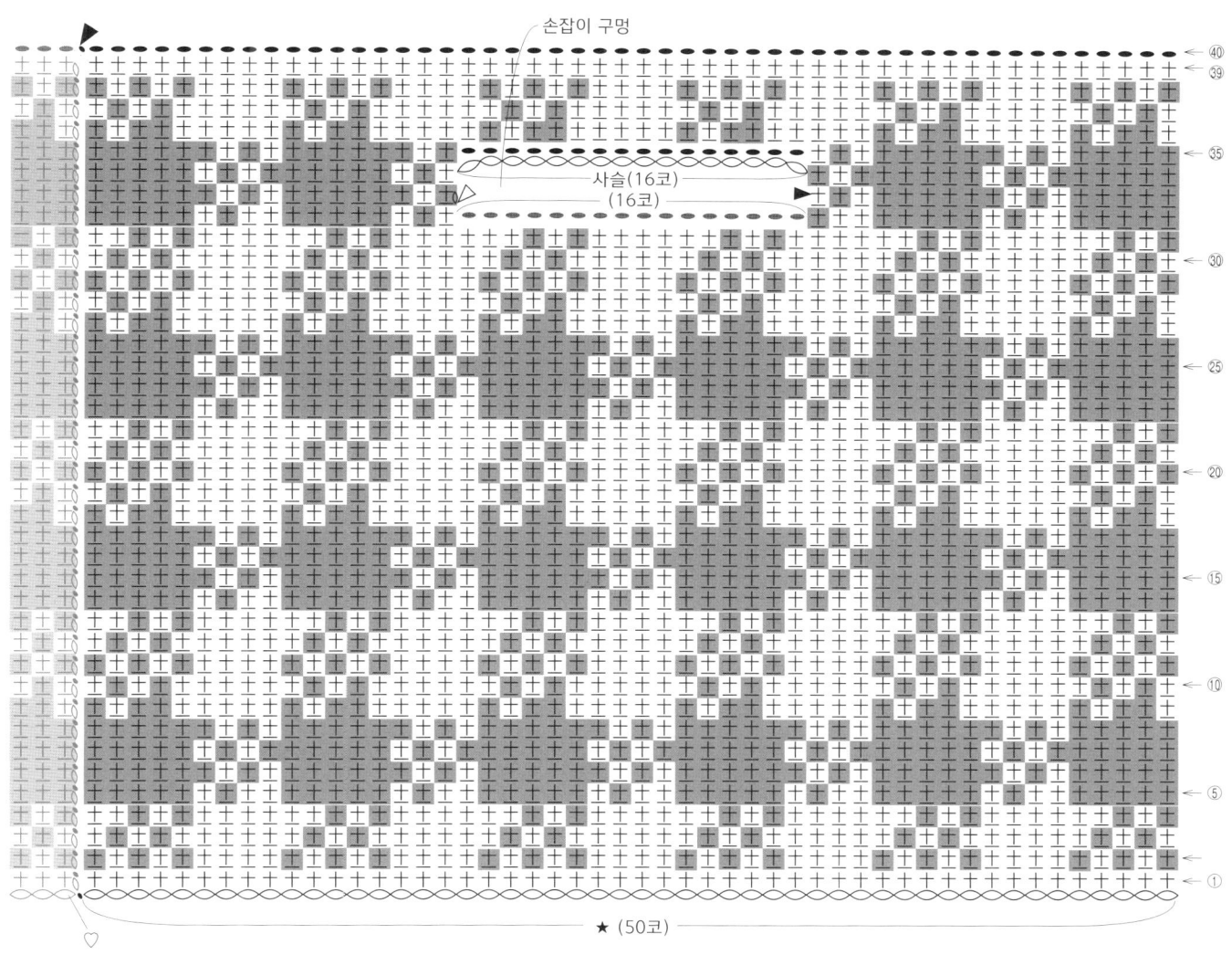

● (32단) = 아랫단 짧은뜨기의 코머리 뒤쪽 실 1가닥을 주워서 빼뜨기한다.

● p.78 발롱 뜨개 도안

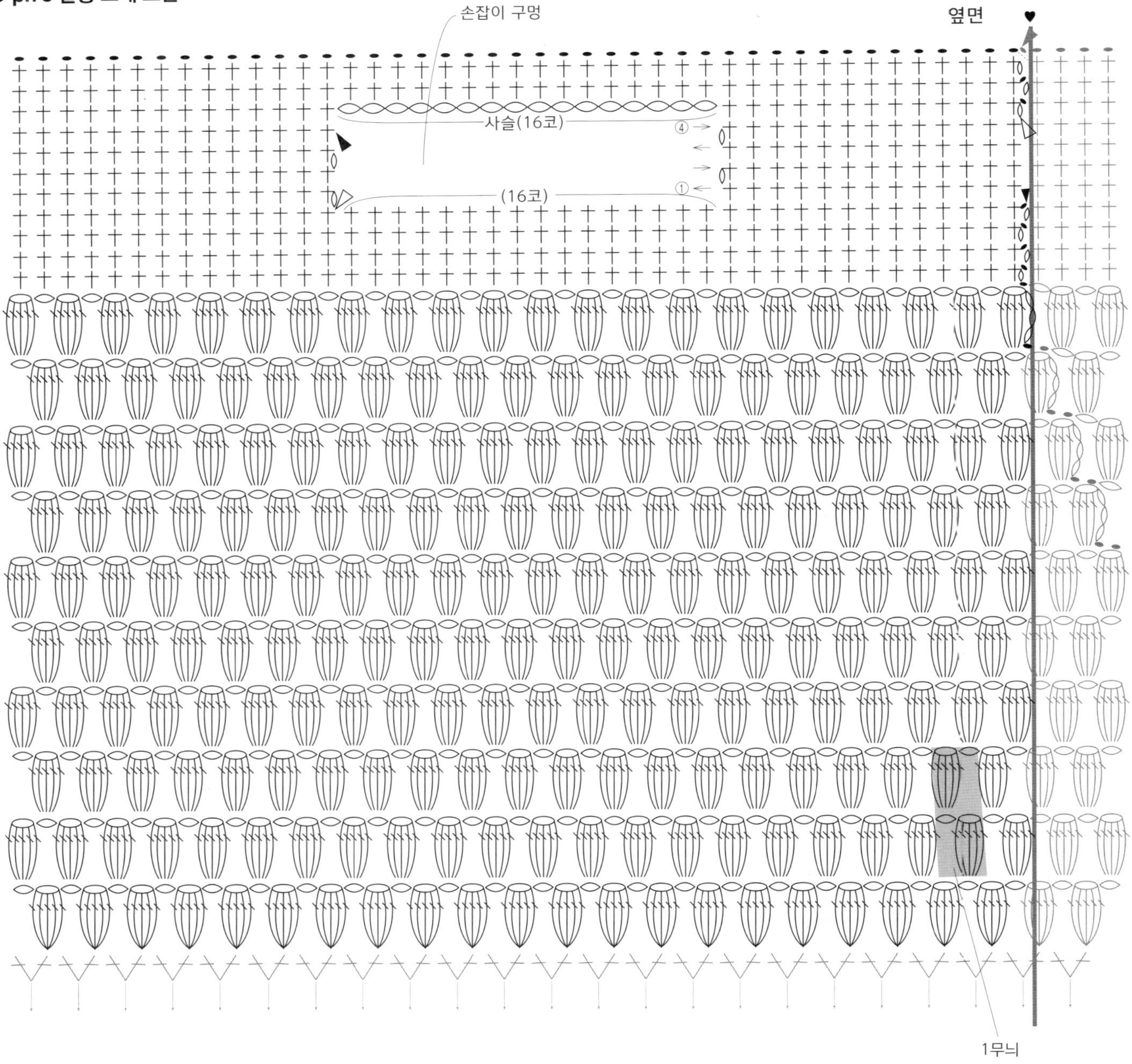

손잡이 구멍

옆면

사슬(16코)

(16코)

1무늬

= 한길긴뜨기 5코 구슬뜨기 (아랫단의 코를 주워서 뜬다)

= 한길긴뜨기 5코 구슬뜨기 (아랫단의 사슬 아래 공간에 바늘을 넣어서 뜬다)

▷ = 실을 연결한다
► = 실을 자른다

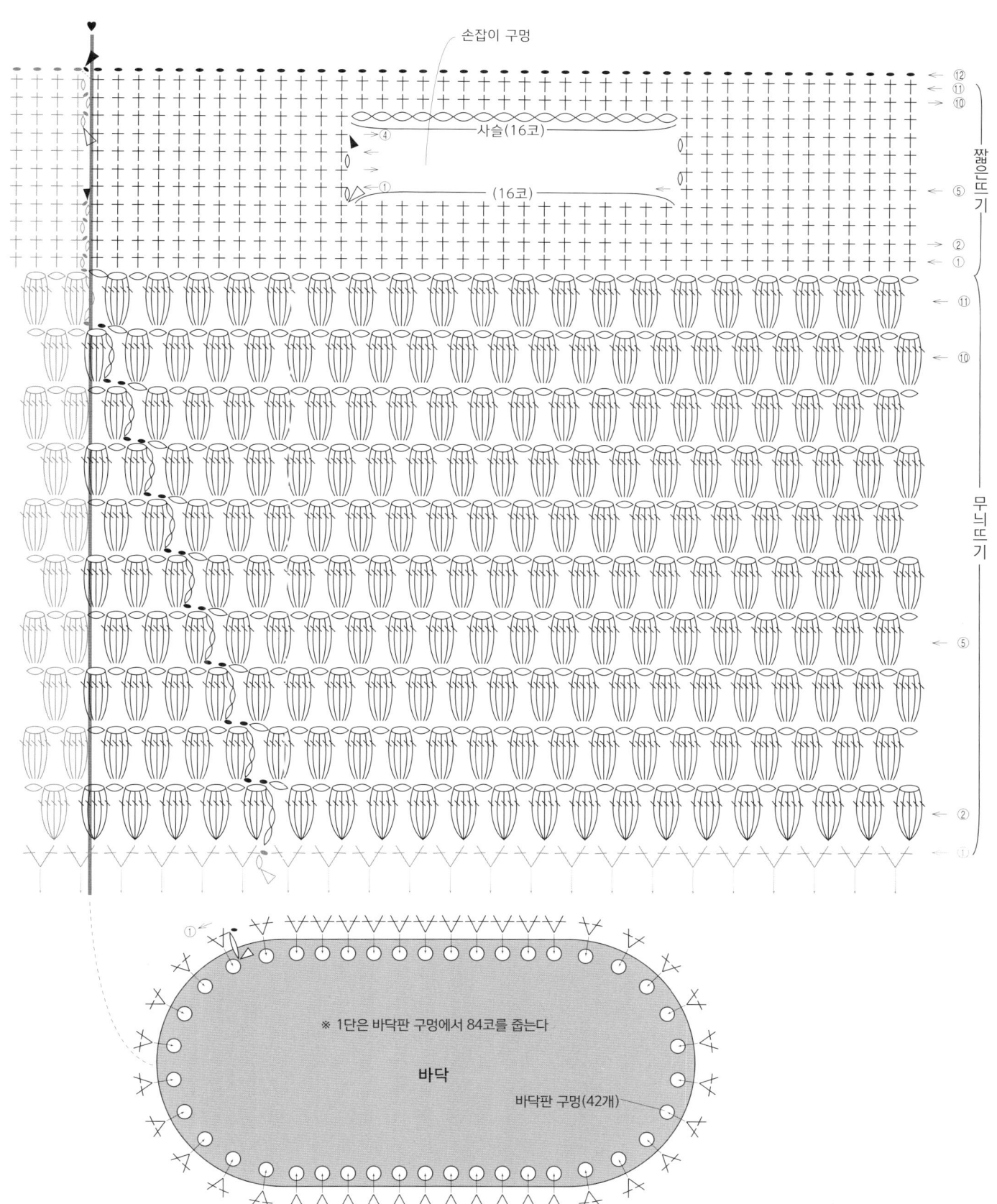

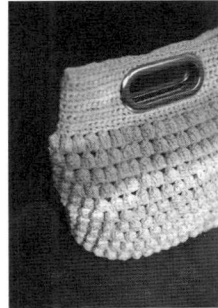

— see page → p.30

— 발롱

Ballon

재료와 도구
퍼피 리피 내추럴(761) 150g, 쓰노다쇼텐 D40(타원형 금속 손잡이 대/N)(11cm×5cm, 니켈/은색) 1세트, 하마나카 가방 바닥판 타원(H204-627)(가로 19.8cm×세로 10cm, 구멍 42개) 1장, 코바늘 6/0호

완성 치수
둘레 58cm 높이 23cm

게이지
10cm×10cm 무늬뜨기 14.5코×7단
10cm×10cm 짧은뜨기 14.5코×17단

뜨는 방법 포인트
- 실은 전부 2가닥으로 뜬다.
- 옆면은 바닥판에서 코를 주워 1단을 84코 뜬 뒤 도안을 참조하여 10단을 한 방향으로 무늬뜨기 해서 원통으로 뜬다. 그다음부터는 짧은뜨기로 손잡이 구멍을 만들며 12단을 왕복해서 짧은뜨기한다.
- 금속 손잡이를 손잡이 구멍에 단다.

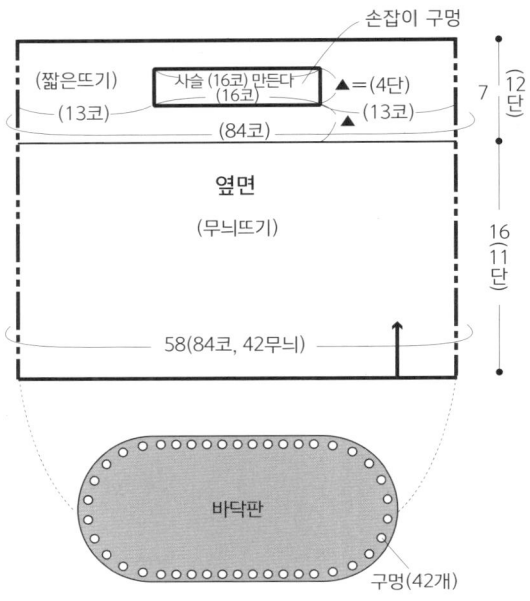

※ 실은 전부 2가닥, 6/0호 바늘로 뜬다.

마무리 방법

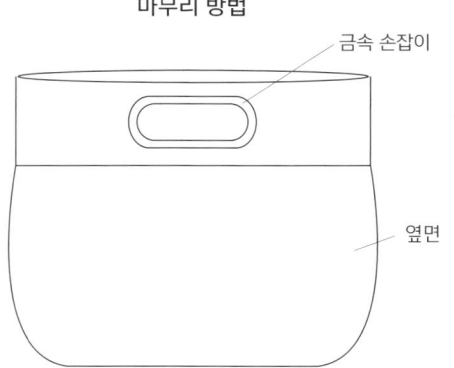

※ 금속 손잡이를 손잡이 구멍에 단다(손잡이 다는 방법은 42쪽 참조)

● 뜨는 방법은 p. 76으로 이어집니다.

see page → p.34

— 카레

Carre

재료와 도구
퍼피 리피 에크루(751) 170g, 바닥판(18cm×18cm) 1장, 이나즈마 플라스틱 손잡이(BR-1390)(13cm×10.5cm) 1세트, 지름 18mm 장식단추 1개, 코바늘 6/0호

완성 치수
둘레(입구) 82cm 높이 20cm (손잡이 미포함)

게이지
10cm×10cm 짧은뜨기 16.5코×17.5단

뜨는 방법 포인트
- 실은 지정한 부분 외에는 2가닥으로 뜬다.
- 바닥은 2장을 뜬다. 각각 원형뜨기 시작코로 뜨기 시작해서 도안을 참조하여 콧수를 늘려가며 14단을 뜬다(바닥 뜨는 방법 참조).
- 옆면은 바닥 2장 사이에 바닥판을 끼워 넣어 겹친 뒤 코를 주워서 콧수를 늘려가며 35단을 뜬다.
- 옆면에 실 2가닥으로 스티치한다(4군데).
- 주머니는 사슬 23코로 시작코를 만들고 짧은뜨기로 14단을 뜬다. 그런 다음 주머니 입구를 제외한 세 변에 짧은뜨기한다. 옆면의 지정한 위치에 주머니 입구를 제외한 세 변을 꿰매서 고정한다. 장식단추를 단다.
- 손잡이 연결고리는 사슬 11코로 시작코를 만들고 짧은뜨기로 14단을 뜬다. 마무리 방법을 참조해서 완성한다.

마무리 방법

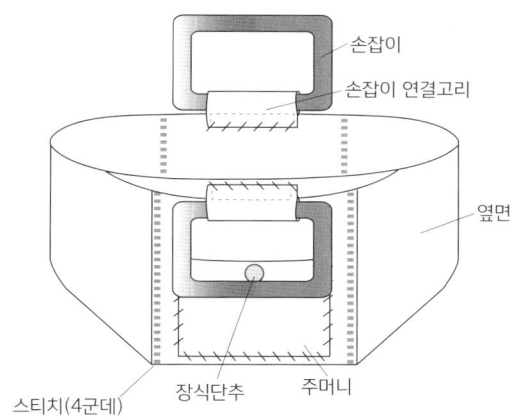

① 옆면의 지정한 위치에 실 2가닥으로 스티치한다.
② 주머니는 옆면의 지정한 위치에 세 변을 감침질해서 고정한다. 장식단추를 단다.
③ 손잡이 연결고리는 한쪽 끝을 옆면의 마지막 단에 감침질하고, 손잡이를 사이에 끼워 고정하듯이 안쪽의 지정한 위치에 겉으로 티가 나지 않게 감침질한다.

※ 전부 6/0호 바늘로 뜬다

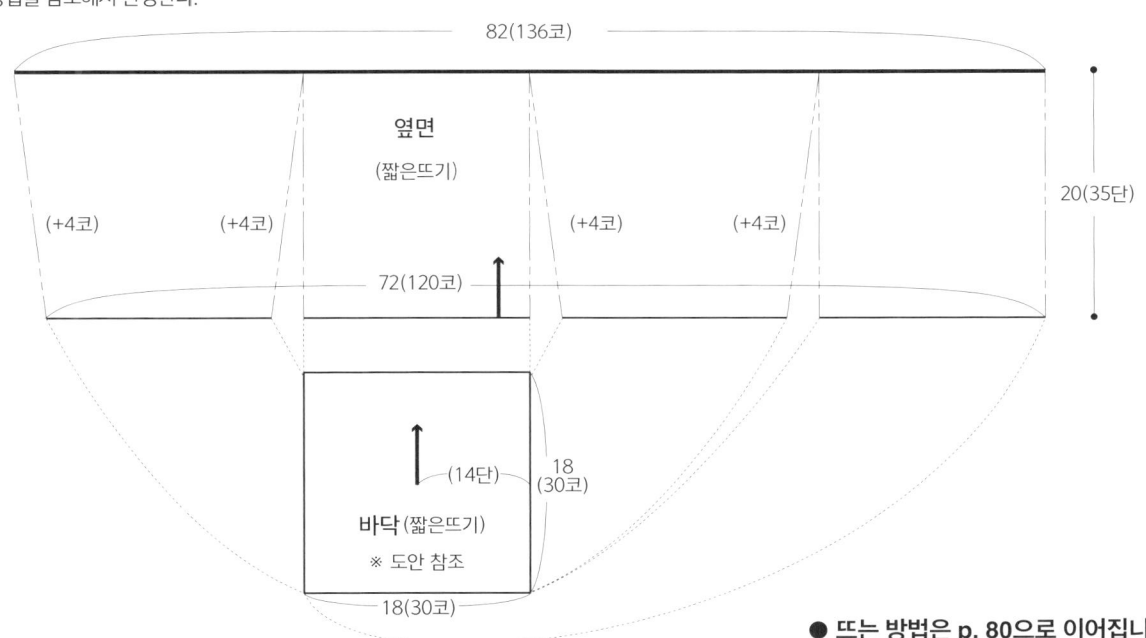

● 뜨는 방법은 p. 80으로 이어집니다.

● p.79 카레 뜨개 도안

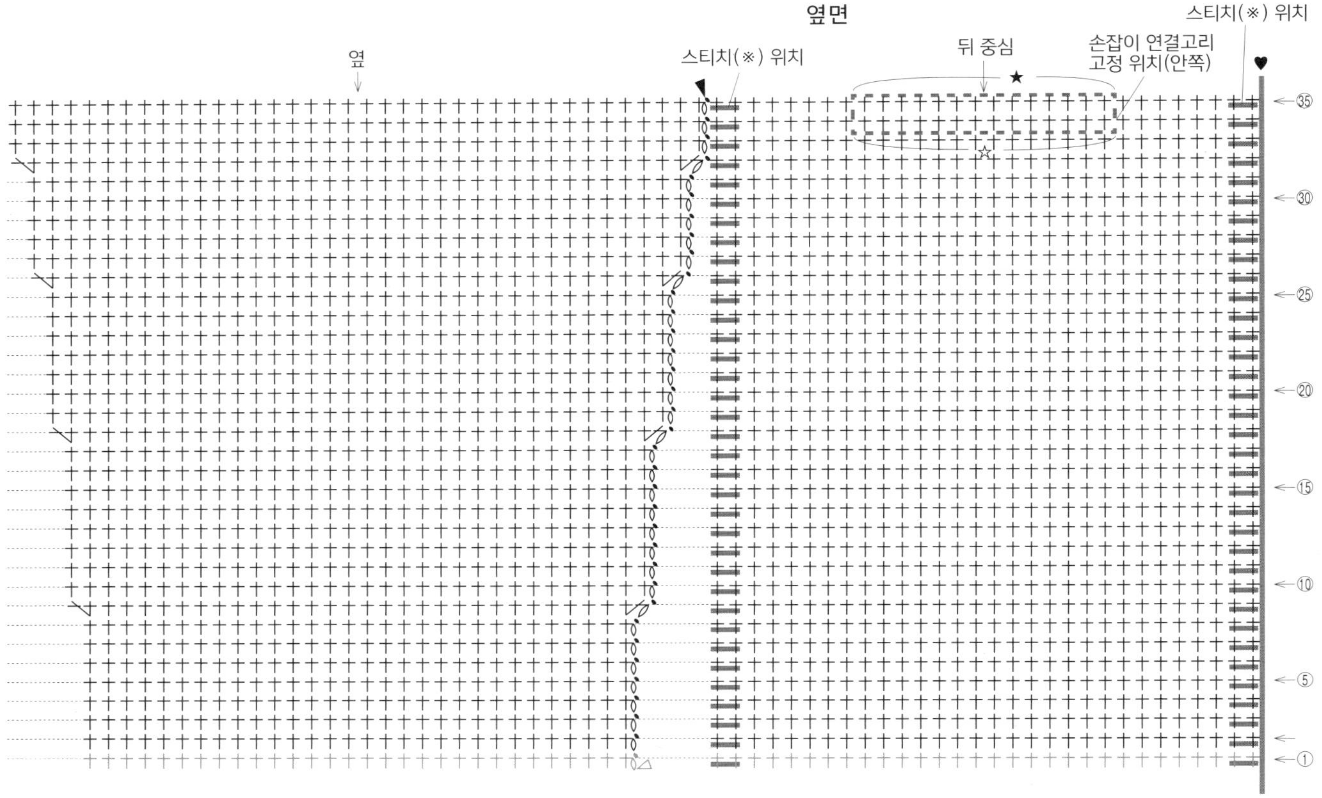

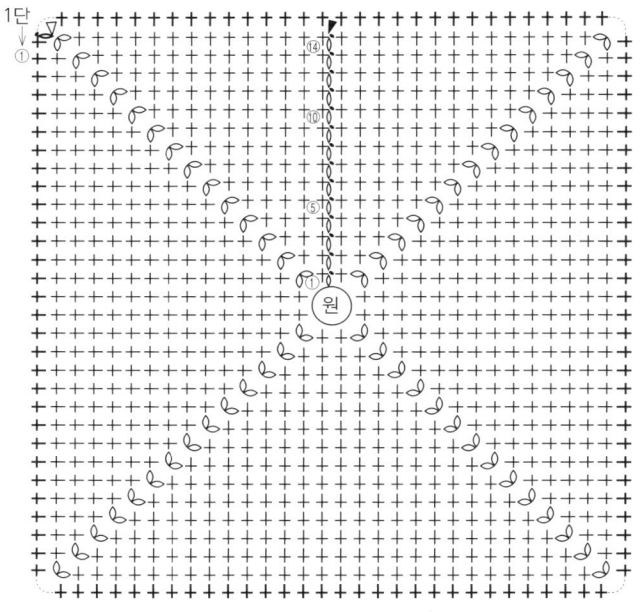

※ 스티치=2코를 감싸듯이 실을 둘러 감는다

바닥 콧수표		
단	콧수	
14단	120코	(+8코)
13단	112코	(+8코)
12단	104코	(+8코)
11단	96코	(+8코)
10단	88코	(+8코)
9단	80코	(+8코)
8단	72코	(+8코)
7단	64코	(+8코)
6단	56코	(+8코)
5단	48코	(+8코)
4단	40코	(+8코)
3단	32코	(+8코)
2단	24코	(+8코)
1단	16코	

▷ =실을 연결한다
▶ =실을 자른다

바닥을 뜨는 방법

① 바닥은 2장을 뜬다. 한 장은 실 2가닥으로 그림을 참조해서 14단을 뜬다(❶).
　다른 한 장은 실 2가닥으로 13단까지 뜨고 14단은 실 1가닥으로 뜬다(❷).
② ❶과 ❷를 안쪽끼리 마주 보게 겹치고 바닥판을 사이에 끼워서
　❶의 겉쪽을 보며 옆면의 1단을 뜬다.

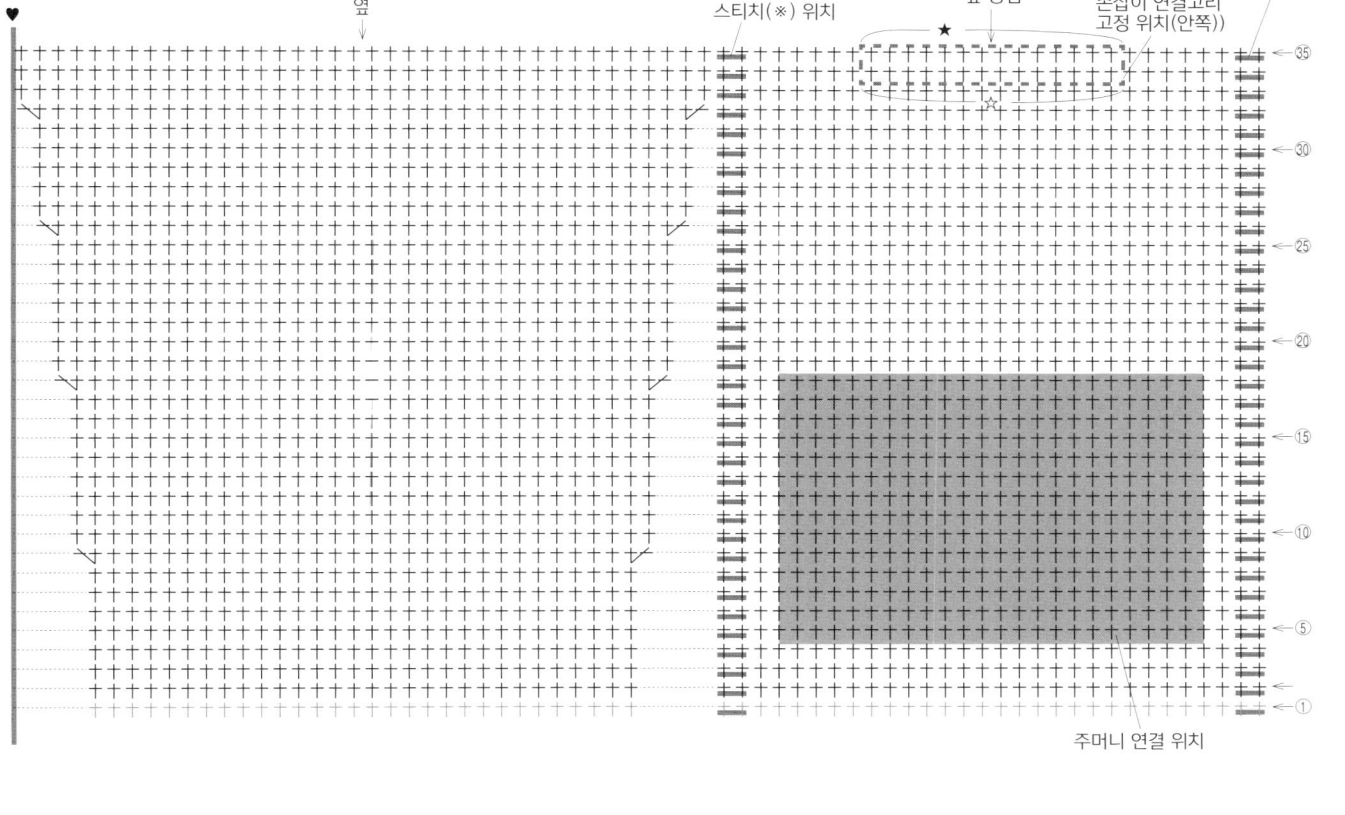

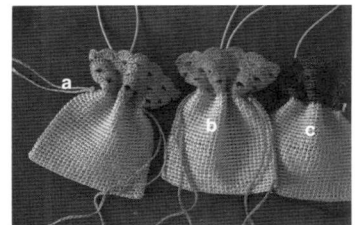

see page → p.32

— 피노

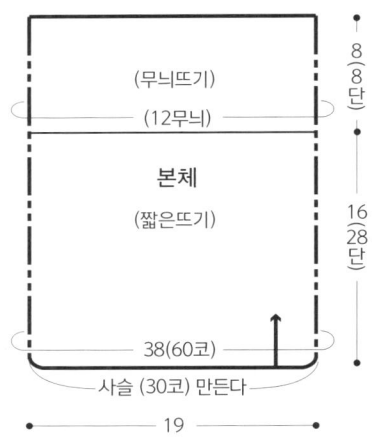

※ 전부 7/0호 바늘로 뜬다

끈 2줄

Pino

재료와 도구
a / 메르헨아트 마닐라헴프사 스트로(507) 40g,
라벤더(508) 25g
b / 메르헨아트 마닐라헴프사 스트로(507) 40g,
달리아(529) 25g
c / 메르헨아트 마닐라헴프사 스트로(507) 40g,
네이비(524) 25g
<공통> 구멍 지름 6mm 코드 스토퍼(골드) 2개,
D링(약 14mm 앤티크골드) 2개, 지름 3mm
가죽끈(베이지) 130cm, 코바늘 7/0호

완성 치수
폭 19cm 높이 24cm

게이지
10cm×10cm 짧은뜨기 16코×17.5단

뜨는 방법 포인트
- 본체는 사슬 30코로 시작코를 만들고 사슬코 반 코를 주워서 짧은뜨기로 30코, 나머지 반코와 코산에서 30코를 주워서 원통으로 뜬다. 그림을 참조해서 짧은뜨기로 28단을 뜬다. 실을 바꿔서 무늬뜨기로 8단을 뜬다.
- 끈은 사슬뜨기로 2줄을 뜬다.
- 마무리 방법을 참조해서 완성한다.

마무리 방법

끈을 끼우는 방법

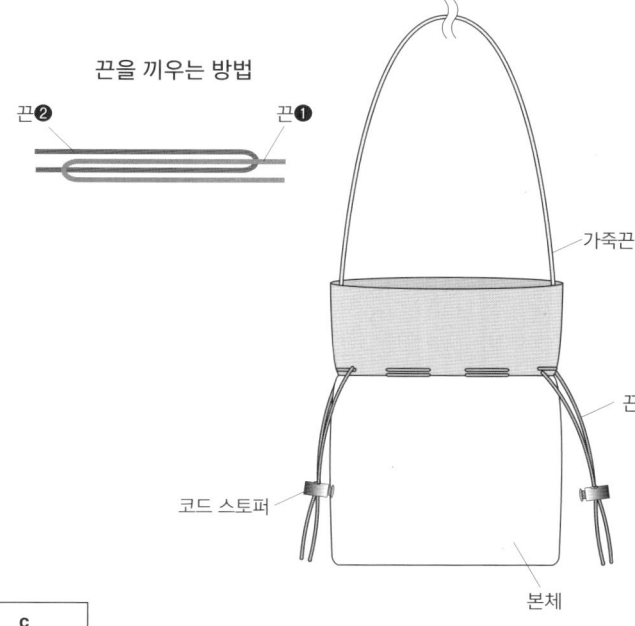

① 끈❶, ❷는 지정한 위치에 양끝에서 각각 통과시키고 끝부분을 코드 스토퍼에 끼운다.
② D링은 본체의 지정한 위치 안쪽에 감침질로 연결한다(2군데).
③ 가죽끈은 양끝을 D링에 묶어서 연결한다.

배색표

	a	b	c
짧은뜨기	스트로	스트로	스트로
무늬뜨기, 끈	라벤더	달리아	네이비

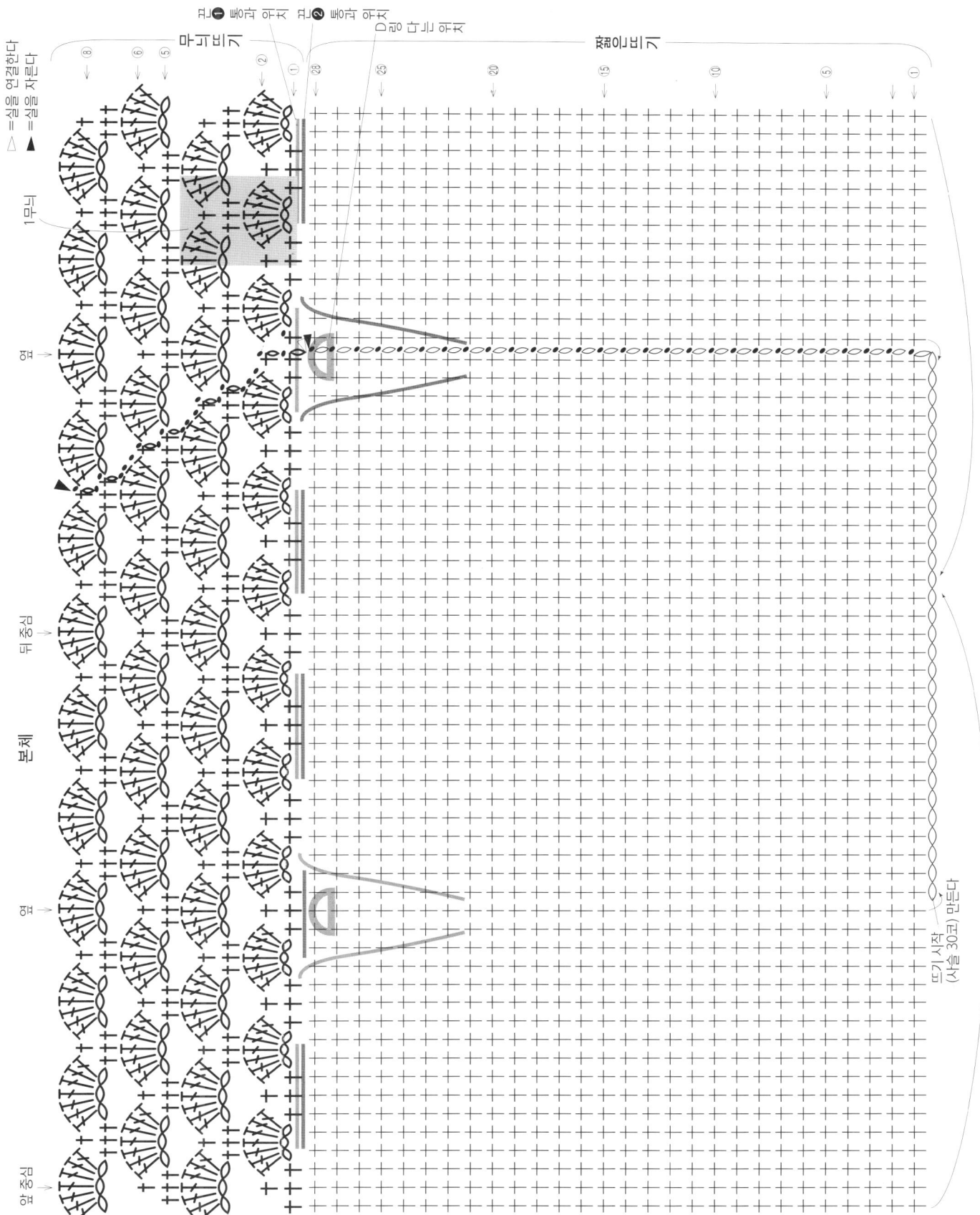

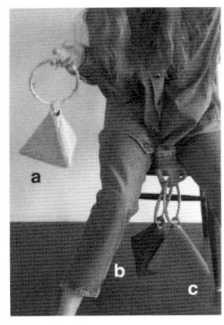

see page → p.36

— 콜미오

Kolmio

재료와 도구
a / 다루마 사사와시 카나리아(16) 90g
b / 다루마 사사와시 다크브라운(13) 90g
c / 다루마 사사와시 오렌지(10) 90g
<공통> 지퍼(16㎝) 1개, 아일렛(지름 22㎜, 골드) 1개, 이나즈마 대나무 손잡이(BB-4)(지름 14.5㎝) 1개, 코바늘 7.5/0호

완성 치수
그림 참조

게이지
10㎝×10㎝ 짧은뜨기 13코×14단

뜨는 방법 포인트
- 실은 전부 2가닥으로 뜬다.
- 본체는 사슬 25코로 시작코를 만들고 사슬코 반 코와 코산을 주워서 짧은뜨기로 25코, 모서리는 같은 자리에 1코 더 뜨고, 나머지 반코를 주워서 25코를 뜬다. 기둥코를 눈에 띄지 않게 하는 방법으로 떠가며(46쪽 참조), 도안을 참조해서 짧은뜨기로 아일렛 구멍을 내며 24단을 뜬다.
- 마무리 방법을 참조해서 아일렛과 지퍼를 달아 완성한다.
- 벨트는 사슬 12코로 시작코를 만들고 아일렛과 대나무 손잡이에 끼운 뒤 고리 모양으로 만들어 짧은뜨기로 2단을 뜬다.

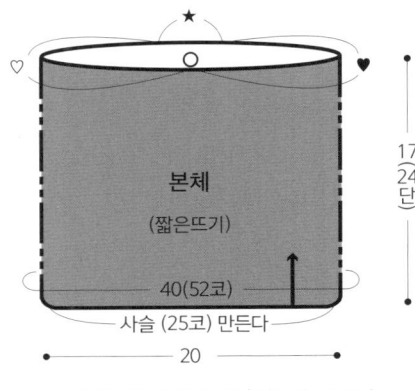

※ 실은 전부 2가닥, 7.5/0호 바늘로 뜬다.

마무리 방법
① 삼각뿔 모양이 되도록 손으로 접고 스팀다리미로 스팀을 쬐어 모양을 잡는다.
② 아일렛은 지정한 위치에 단다(47쪽 참조).
③ 지퍼는 지정한 위치(♥, ♡)에 꿰매서 단다(47쪽 참조).
④ 벨트는 사슬 12코를 아일렛과 대나무 손잡이에 끼운 뒤 고리 모양으로 만들어 짧은뜨기로 2단을 뜬다.

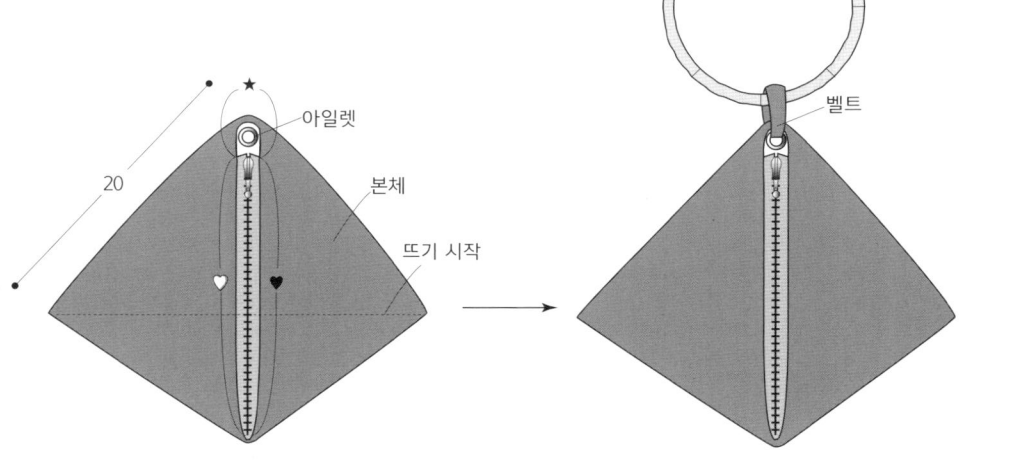

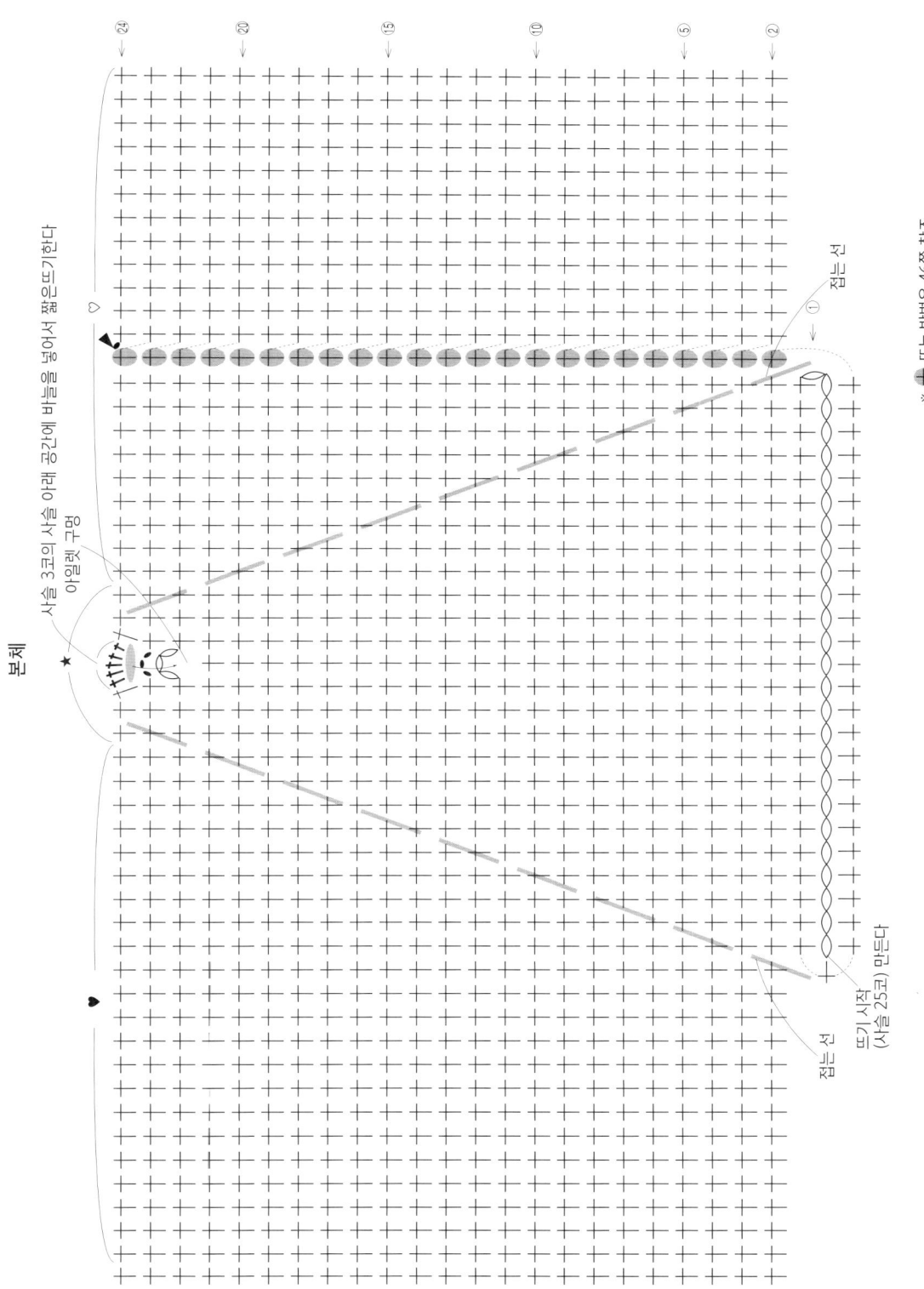

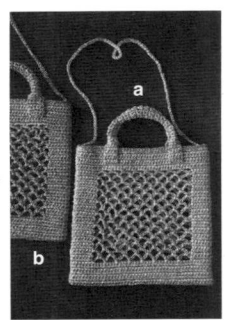

— see page → p.38

— 베르시

Bersih

재료와 도구
a / 하마나카 에코안다리아 실버(174) 220g
b / 하마나카 에코안다리아 골드(172) 220g
<공통> 코바늘 7/0호

완성 치수
폭 31cm 높이 32cm

게이지
10cm×10cm 짧은뜨기(본체) 15코×14단

뜨는 방법 포인트
● 실은 전부 2가닥으로 뜬다.
● 본체는 사슬 46코로 시작코를 만들고 도안을 참조해 짧은뜨기와 무늬뜨기로 뜬다.
● 본체 2장을 뜨고 겉쪽끼리 마주 보게 겹쳐서 입구를 제외한 세 변을 감침질한다. 뜨개바탕을 겉쪽으로 뒤집어서 입구 둘레를 빼뜨기로 1단을 뜬다.
● 손잡이는 사슬 5코로 시작코를 만들고 짧은뜨기로 46단을 뜬다. 그림과 같이 양끝을 남기고 감침질한다.
● 끈은 스레드 코드를 뜬다.
● 손잡이와 끈을 본체의 지정한 위치에 고정한다.

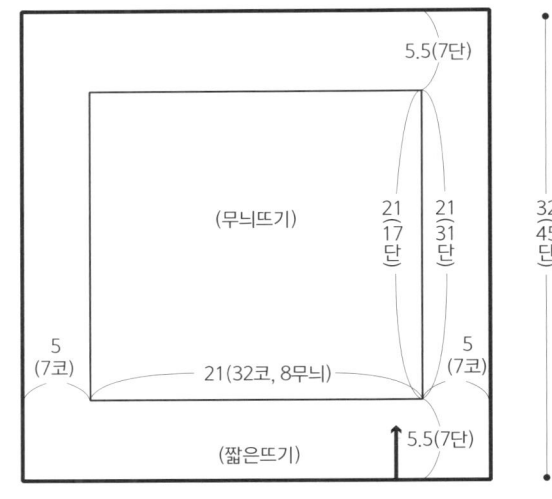

본체 2장

(무늬뜨기)
5.5(7단)
21(17단) 21(31단)
32(45단)
5(7코) 21(32코, 8무늬) 5(7코)
(짧은뜨기)
5.5(7단)
31 (사슬 46코) 만든다

※ 실은 전부 2가닥, 7/0호로 뜬다.

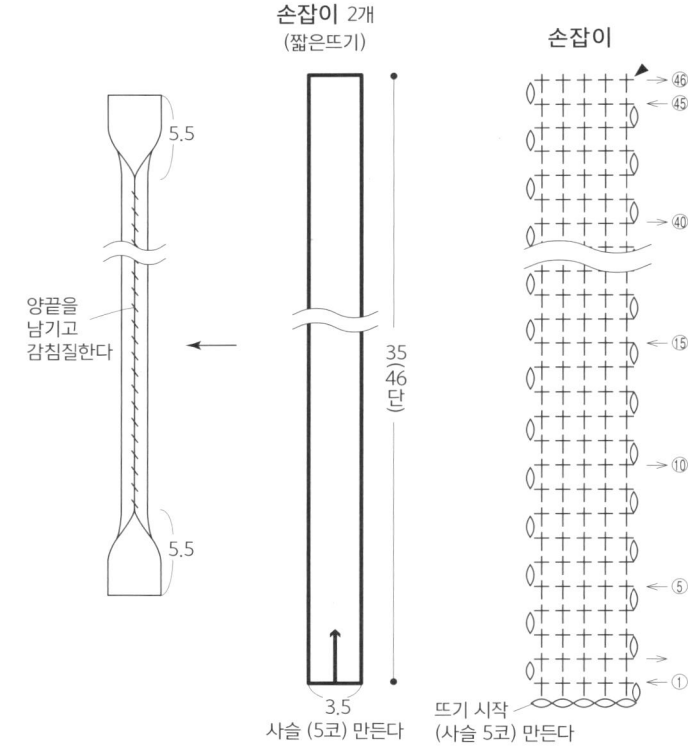

손잡이 2개 (짧은뜨기)

5.5
양끝을 남기고 감침질한다
35(46단)
5.5
3.5
사슬 (5코) 만든다

손잡이
뜨기 시작 (사슬 5코) 만든다

마무리 방법
③ 손잡이
② 빼뜨기 1단
입구
④ 끈
약 3cm 안쪽에 고정한다
본체
① 감침질

① 본체는 2장을 뜨고 겉쪽끼리 마주 보게 겹쳐서 입구를 제외한 세 변을 감침질한다.
② 뜨개바탕을 겉쪽으로 뒤집어서 입구 둘레를 빼뜨기로 1단을 뜬다.
③ 손잡이는 본체의 손잡이 다는 위치에 고정한다.
④ 끈은 본체 양끝의 안쪽에 3cm 정도 겹쳐서 고정한다.

끈 (스레드 코드)

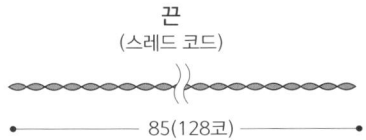

85(128코)

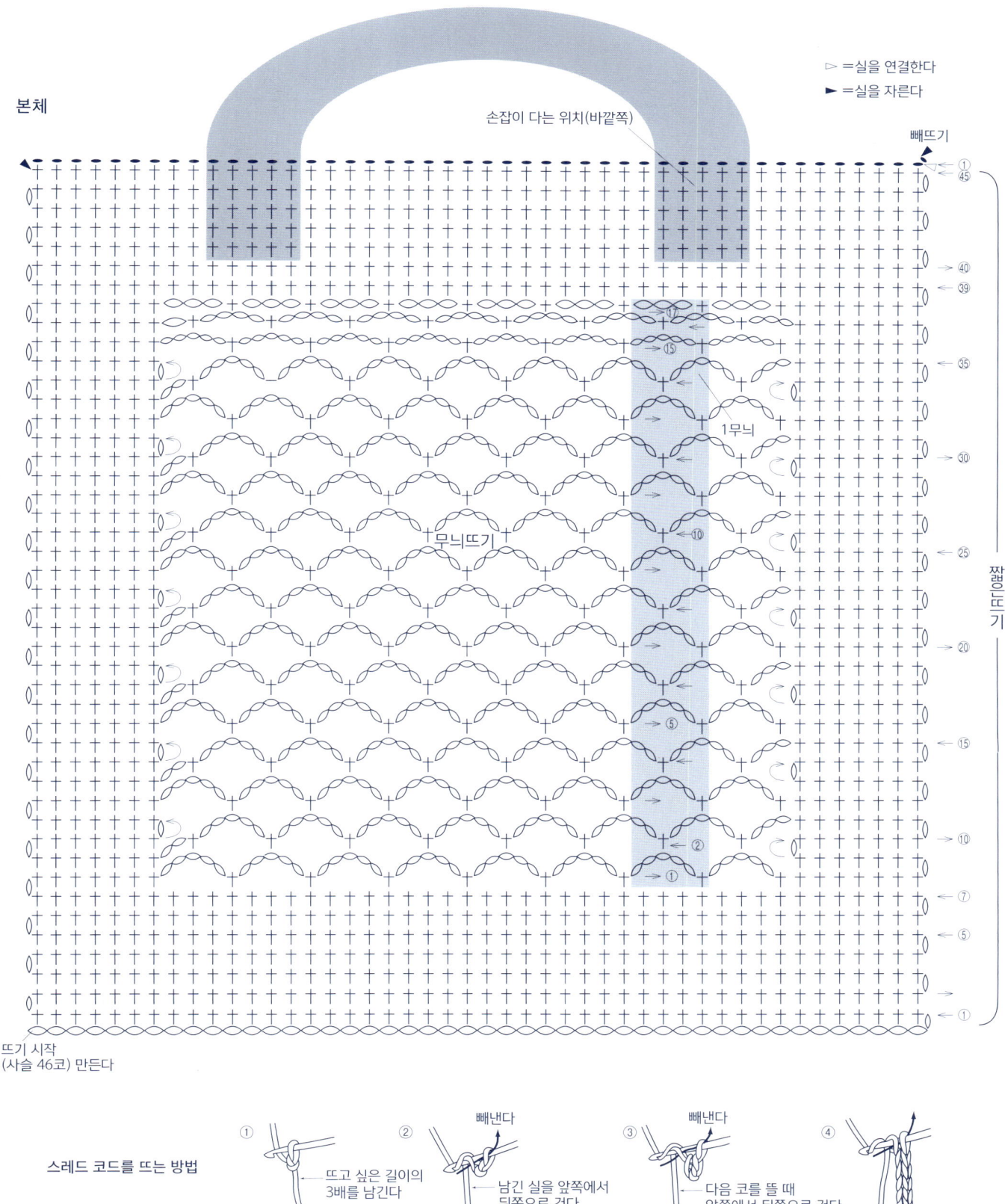

see page → **p.40**

— 에튀

Etui

재료와 도구
퍼피 리피 내추럴(761) 25g, 가방용 체인(100cm, 양끝 개고리 포함) 1줄, D링(14mm, 골드) 2개, 지름 14mm 자석단추 1세트, 지름 18mm 장식단추 1개, 코바늘 6/0호

완성 치수
가로 11cm 높이 18cm

게이지
10cm×10cm 짧은뜨기 16.5코×15단
10cm×10cm 무늬뜨기 8무늬×11.5단

뜨는 방법 포인트
- 실은 전부 2가닥으로 뜬다.
- 본체는 사슬 18코로 시작코를 만들고 사슬코 반 코와 코산에서 18코, 나머지 반코에서 18코를 주워서 짧은뜨기로 6단, 무늬뜨기로 13단, 짧은뜨기로 4단을 떠서 원통으로 만든다.
- D링, 자석단추는 안쪽, 장식단추는 바깥쪽의 지정한 위치에 단다.
- 가방용 체인을 D링에 개고리로 연결한다.

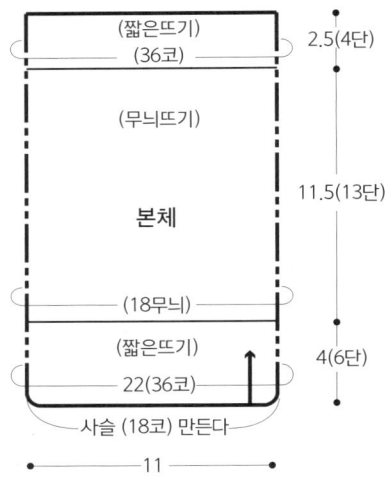

※ 실은 전부 2가닥, 6/0호 바늘로 뜬다.

마무리 방법

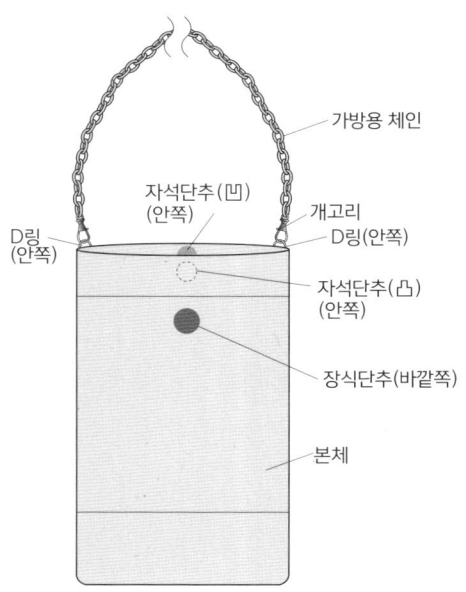

① D링과 자석단추는 안쪽, 장식단추는 바깥쪽에 각각 지정한 위치에 단다.
② 가방용 체인을 D링에 개고리로 연결한다.

본체

► =실을 자른다

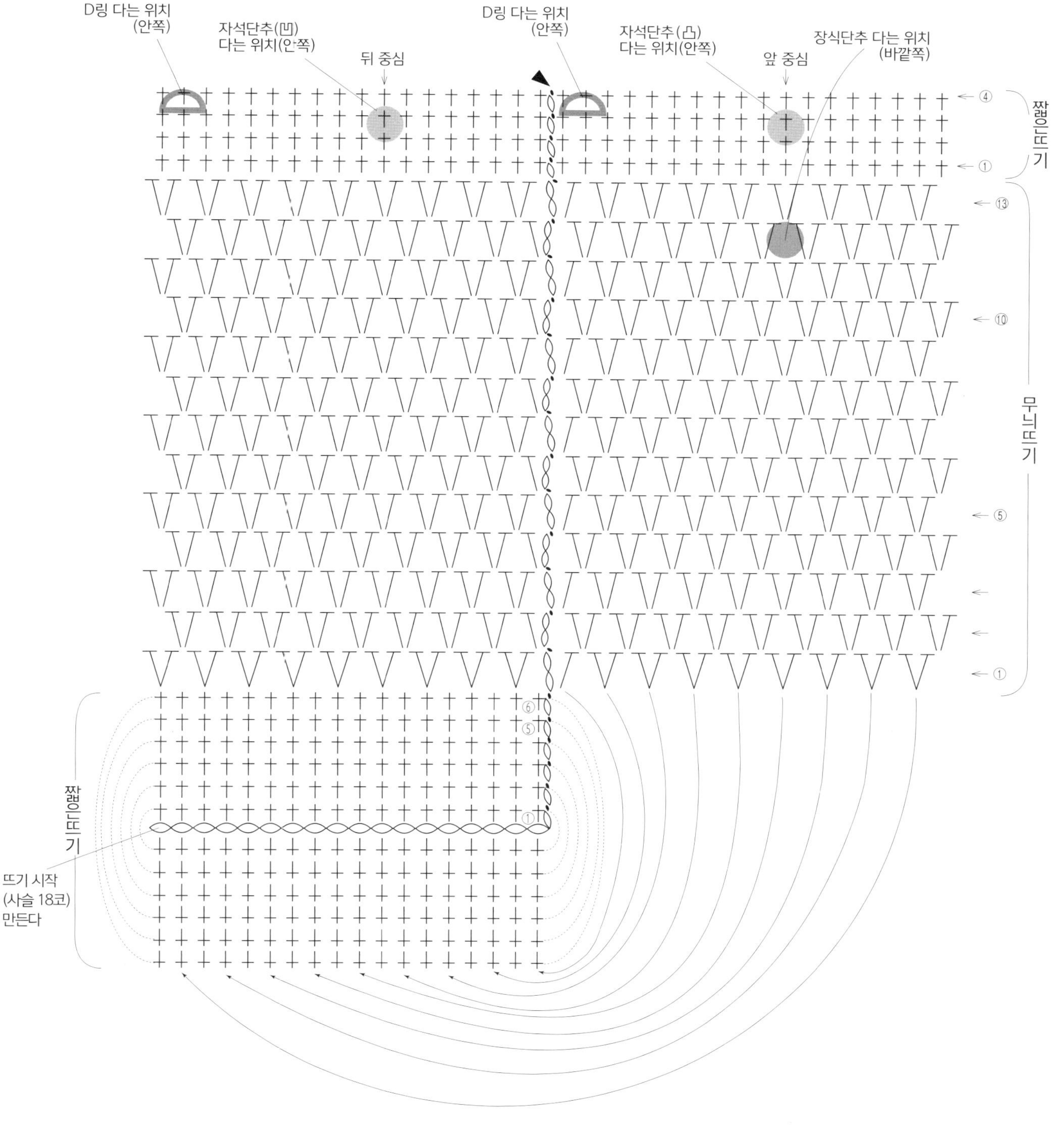

D링 다는 위치
(안쪽)
자석단추(凹)
다는 위치(안쪽)
뒤 중심
D링 다는 위치
(안쪽)
자석단추(凸)
다는 위치(안쪽)
앞 중심
장식단추 다는 위치
(바깥쪽)
④
①
짧은뜨기
⑬
⑩
무늬뜨기
⑤
①
⑥
⑤
①
짧은뜨기
뜨기 시작
(사슬 18코)
만든다

Basic Technique Guide 코바늘뜨기·대바늘뜨기의 기초

코바늘뜨기

● 사슬뜨기

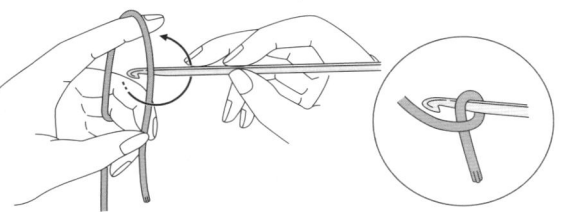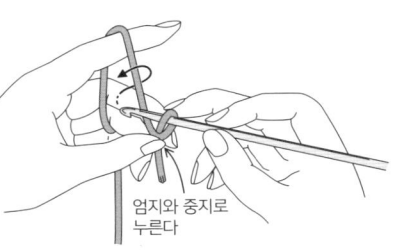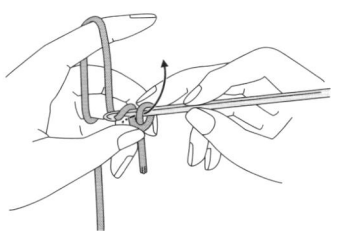

1 코바늘을 실 뒤쪽에 대고 화살표 방향으로 돌려서 바늘에 실을 감습니다.

2 실이 교차된 부분을 엄지와 중지로 눌러서 고리를 만들고 실을 바늘 끝에 겁니다. (엄지와 중지로 누른다)

3 바늘에 건 실을 고리 속으로 빼냅니다.

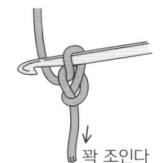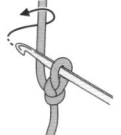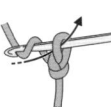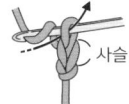

4 실끝을 꽉 조이자 첫 번째 사슬코가 완성되었습니다. 이 코는 1코로 세지 않습니다. (꽉 조인다)

5 화살표 방향으로 실을 겁니다.

6 바늘에 걸린 고리 속으로 실을 빼냅니다.

7 사슬 1코 사슬 1코가 완성되었습니다. 5, 6을 반복해서 필요한 콧수만큼 사슬을 뜹니다.

● 사슬뜨기로 시작코 만들기와 코 줍는 방법

겉쪽

안쪽 — 사슬의 코산

사슬에는 겉쪽과 안쪽이 있습니다.

 사슬의 코산을 줍는다
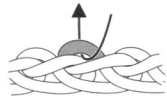

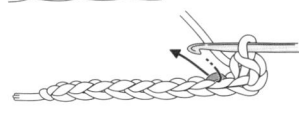

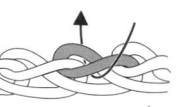 사슬의 반코와 사슬 코산을 줍는다

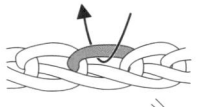 사슬의 반코를 줍는다

일반적인 사슬의 코산을 줍는 방법으로 사슬의 겉쪽이 남아 깔끔해 보입니다. 지시가 없는 경우에는 이 방법으로 코를 줍습니다.

실 2가닥을 주우므로 튼튼하고 안정감이 있습니다. 성긴 무늬나 가는 실로 뜰 때 사용합니다.

잘 늘어나서 불안정한 방법이지만 시작코에 신축성이 있어야 할 때나 시작코 양쪽에서 코를 주워야 할 때 사용합니다.

● 사슬뜨기 시작코를 원형으로 만든다

1 필요한 콧수만큼 사슬뜨기를 합니다.

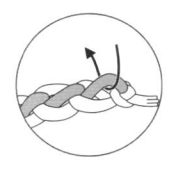

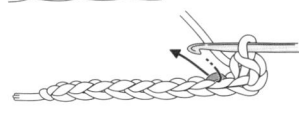

2 사슬이 꼬이지 않게 합니다. 사슬 첫코의 코산에 코바늘을 넣어 실을 빼서 사슬을 원형으로 만듭니다.

● 원형뜨기 시작코

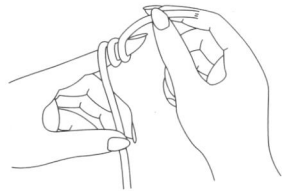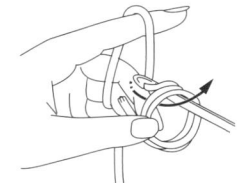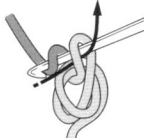

1 검지에 실끝을 두 번 감습니다.

2 감은 실이 흐트러지지 않게 교차점을 누릅니다. 고리 안에 바늘을 넣어 실을 빼냅니다.

3 다시 실을 걸어서 빼냅니다.

4 원형 시작코에 시작 부분의 실이 생겼습니다. 이 코는 1코로 세지 않습니다.

5 1단을 뜨고 나면 실끝에서 먼 쪽의 고리(★)부터 순서대로 꽉 조여서 원형을 줄입니다. (실끝)

● 빼뜨기

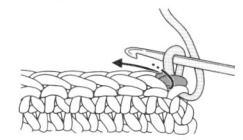 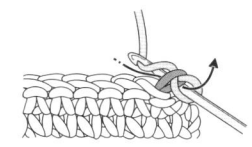 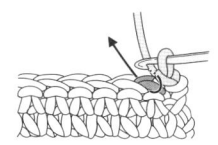 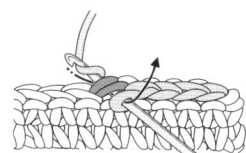

1 아랫단의 뜨개코 머리에 코바늘을 넣습니다.
2 실을 걸어서 화살표 방향으로 빼냅니다.
3 옆쪽 코에 바늘을 넣어 실을 빼냅니다.
4 3을 반복합니다.

✚ 짧은뜨기
※ 2와 3에서 최대한 실을 왼쪽으로 빼내어 뜨개코가 오른쪽으로 치우치지 않도록 주의하면 짧은뜨기를 세로 방향으로 곧게 뜰 수 있다.

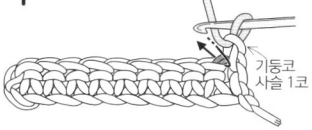 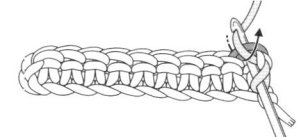 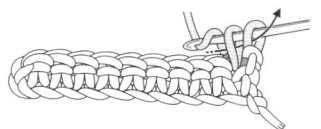 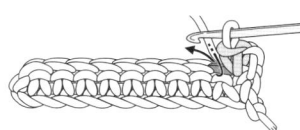

1 아랫단의 뜨개코 머리에 코바늘을 넣습니다.
2 실을 바늘에 걸어서 빼냅니다.
3 실을 바늘 끝에 걸고 코바늘에 걸려 있는 고리 2개를 한 번에 빼냅니다.
4 짧은뜨기 완성. 1~3을 반복합니다.

┬ 긴뜨기

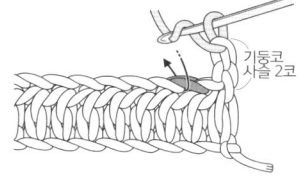 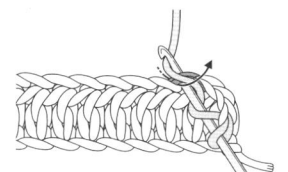 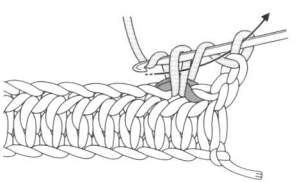 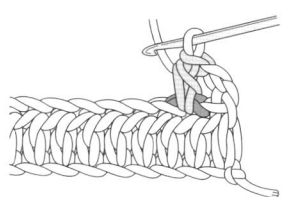

1 실을 코바늘에 걸어 아랫단의 뜨개코 머리에 바늘을 넣습니다.
2 실을 바늘에 걸어서 빼냅니다.
3 실을 바늘 끝에 걸고 바늘에 걸려 있는 고리 3개를 한 번에 빼냅니다.
4 긴뜨기 완성. 1~3을 반복합니다.

╈ 한길긴뜨기

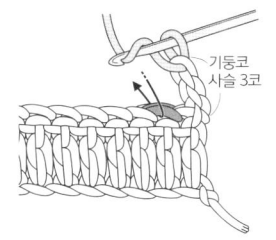 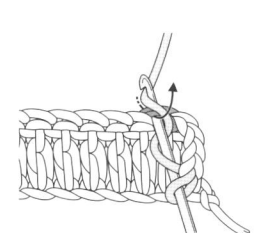 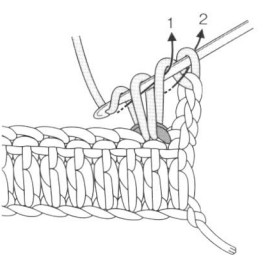 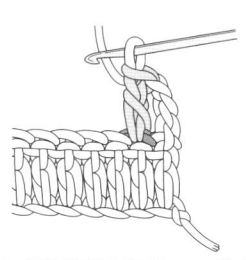

1 실을 코바늘에 걸어 아랫단의 뜨개코 머리에 바늘을 넣습니다.
2 실을 바늘에 걸어서 빼냅니다.
3 실을 바늘 끝에 걸고 바늘에 걸려 있는 고리를 2개씩 화살표 순서대로 빼냅니다.
4 한길긴뜨기 완성. 1~3을 반복합니다.

⋏ 짧은뜨기 2코 모아뜨기

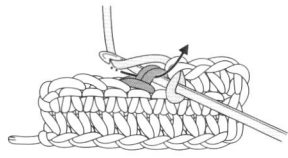 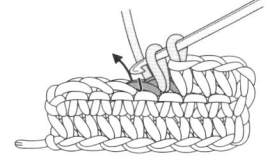 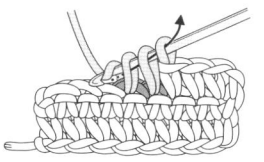 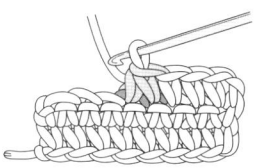

1 아랫단의 뜨개코에 코바늘을 넣고 실을 빼냅니다(미완성 짧은뜨기).
2 아랫단의 옆코에 바늘을 넣고 실을 걸어 빼냅니다(미완성 짧은뜨기).
3 실을 바늘에 걸고 바늘에 걸려 있는 고리 3개를 한 번에 빼냅니다.
4 짧은뜨기 2코 모아뜨기 완성.

Basic Technique Guide

한길긴뜨기 2코 모아뜨기

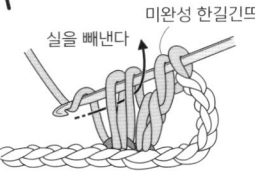  

1. 미완성 한길긴뜨기 1코를 뜨고 실을 바늘에 걸어 옆코에도 미완성 한길긴뜨기를 뜹니다.
2. 실을 바늘에 걸고 바늘에 걸려 있는 고리 3개를 한 번에 빼냅니다.
3. 한길긴뜨기 2코 모아뜨기 완성.

짧은뜨기 2코 늘려뜨기

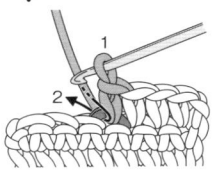 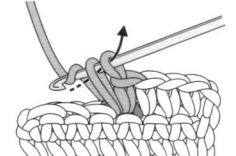 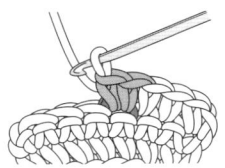

1. 아랫단의 뜨개코에 짧은뜨기 1코를 뜨고 다시 같은 코에 코바늘을 넣습니다.
2. 실을 걸어 빼내고 짧은뜨기를 뜹니다.
3. 아랫단의 1코에 짧은뜨기 2코를 넣어 뜬 모습.

짧은뜨기 3코 늘려뜨기

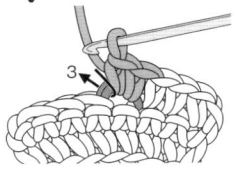 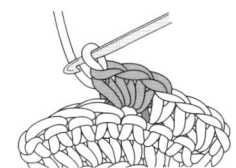

1. 아랫단의 뜨개코에 짧은뜨기 2코를 뜨고 다시 같은 코에 코바늘을 넣습니다.
2. 실을 걸어 빼내고 짧은뜨기를 뜹니다. 아랫단의 1코에 짧은뜨기 3코를 넣어 뜬 모습.

짧은뜨기 이랑뜨기(원통)

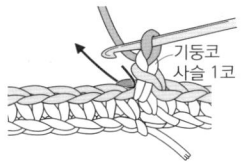 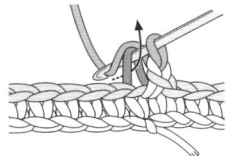 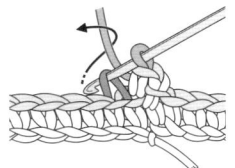

1. 아랫단 뜨개코 머리의 뒤쪽 반코에 코바늘을 넣습니다.
2. 실을 걸어서 빼내고 짧은뜨기를 뜹니다.
3. 각 단마다 아랫단 뜨개코 머리의 뒤쪽 반코에 바늘을 넣어 짧은뜨기를 뜹니다.

한길긴뜨기 5코 구슬뜨기 (아랫단 1코에서 늘려뜨기)

아랫단 1코에 한길긴뜨기 5코를 넣어 뜹니다. 그다음은 사슬 아래 공간에 바늘을 넣어서 뜨는 구슬뜨기와 같습니다.

한길긴뜨기 5코 구슬뜨기(아랫단의 사슬 아래 공간에 바늘을 넣어서 뜨기)

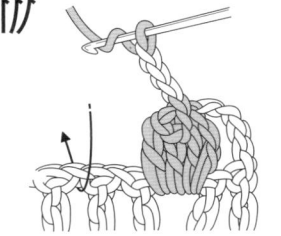 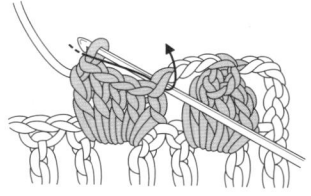 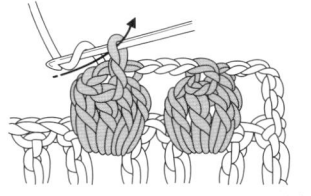 

1. 아랫단의 사슬 아래 공간에 바늘을 넣어서 한길긴뜨기 5코를 뜹니다.
2. 바늘을 일단 빼고 첫 번째 한길긴뜨기의 코머리에 앞쪽에서 바늘을 넣고 빼놓은 코를 걸어서 화살표 방향으로 빼냅니다.
3. 빼낸 코가 풀어지지 않도록 사슬 1코를 떠서 꽉 조입니다.
4. 한길긴뜨기 5코 구슬뜨기 완성.

⚒ 변형 한길긴뜨기 1코 교차뜨기(오른코 위) 기호가 끊어진 코가 아래쪽으로 오도록 교차시켜서 뜬다

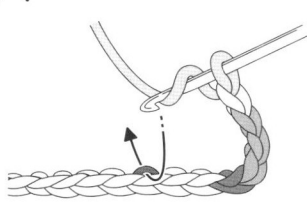 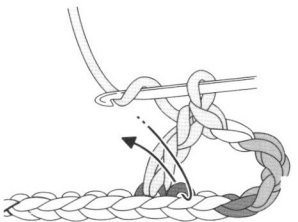 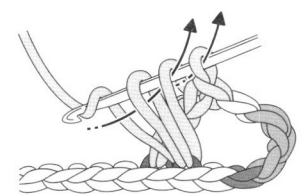 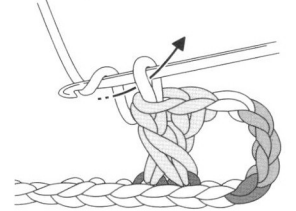

1 실을 바늘 끝에 걸어 아랫단의 2코 앞쪽의 코에 한길긴뜨기를 뜹니다.

2 실을 바늘에 걸어 화살표 방향으로 먼저 뜬 한길긴뜨기의 이전 코에 바늘을 넣고 실을 걸어서 빼냅니다.

3 실을 바늘에 걸고 고리 2개씩 빼내서 한길긴뜨기를 뜹니다. 오른쪽 한길긴뜨기가 위쪽으로 오게 교차시킵니다.

4 변형 한길긴뜨기 1코 교차뜨기(오른코 위) 완성.

● 감침질로 잇기

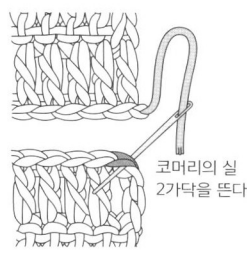 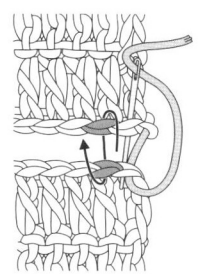 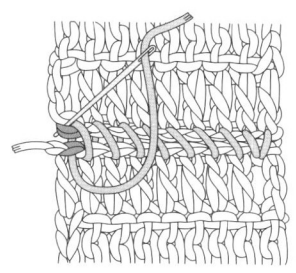

1 뜨개바탕의 겉쪽을 맞대고 마지막 단의 코머리에 돗바늘을 넣습니다.

2 뜨개바탕 두 장에 돗바늘을 번갈아 넣어서 실을 빼냅니다.

3 실이 겉쪽에 걸쳐지므로 실을 균등하게 당기도록 합니다.

● 감침질로 꿰매기

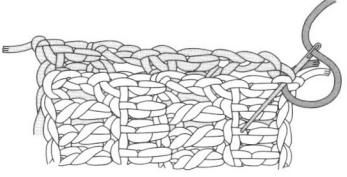 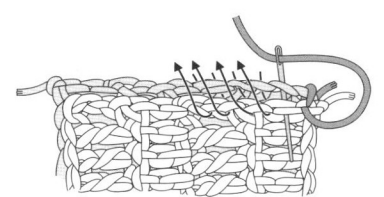 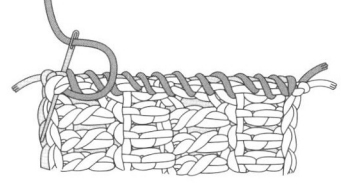

1 뜨개바탕 두 장을 겉쪽끼리 마주 보게 놓고 시작코의 사슬에 돗바늘을 넣습니다.

2 늘 같은 방향에서 가장자리의 코를 가르듯이 바늘을 넣고 실로 감아 고정시키도록 합니다.

3 끝부분은 바늘을 같은 자리에 한두 번 통과시켜서 고정하고 뜨개바탕의 안쪽에서 실을 처리합니다.

● 빼뜨기로 연결하기

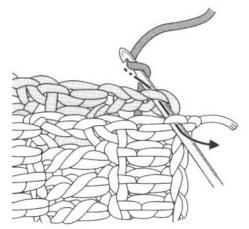 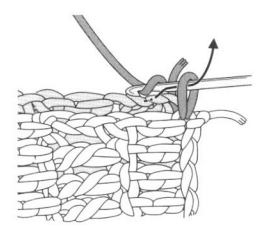 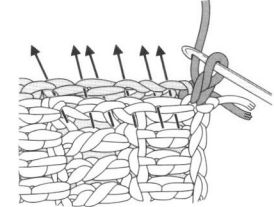 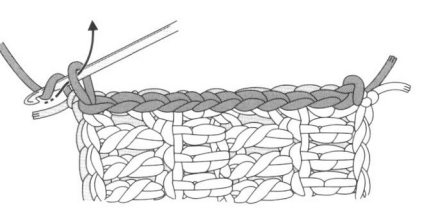

1 뜨개바탕을 겉쪽끼리 마주 보게 놓고 코바늘을 두 장에 같이 넣어 실을 걸어서 빼냅니다.

2 실을 걸어서 빼냅니다.

3 가장자리의 코를 가르듯이 바늘을 넣어서 실을 빼냅니다. 화살표 위치에 바늘을 넣습니다.

4 뜨개바탕의 뜨개코에 맞춰 울거나 느슨해지지 않도록 실을 빼냅니다.

Basic Technique Guide

대바늘뜨기

● 사슬뜨기 시작코에서 코를 줍는 방법(p.90을 참조하여 사슬뜨기를 뜹니다.)

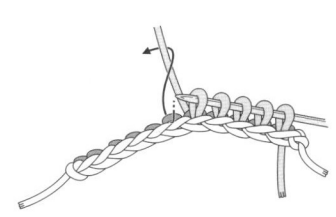

1 사슬뜨기에는 겉쪽과 안쪽이 있습니다. 사슬의 코산을 확인하세요.

2 사슬을 다 뜬 쪽의 코산에 바늘 끝을 넣어 뜨개실을 빼냅니다. 같은 실을 사용할 경우에는 실을 자르지 않고 그대로 대바늘로 바꿔 코산에서 코를 줍습니다(사슬뜨기를 이용하는 대바늘 시작코).

3 사슬코 코산에서 1코에 1코씩 코를 빼냅니다. 바늘에 걸린 코가 1단이 됩니다.

코막음(오른쪽, 겉뜨기)

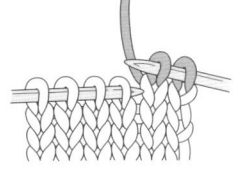
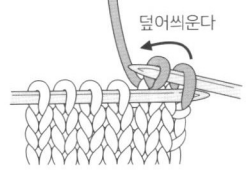
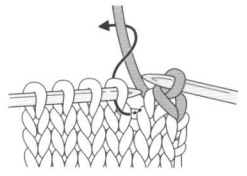

1 가장자리 2코를 겉뜨기로 뜹니다.

2 첫 번째 코를 두 번째 코에 덮어씌웁니다.

3 다음 겉뜨기를 뜨고 나면 먼저 뜬 코를 덮어씌웁니다. 이 과정을 반복합니다.

 겉뜨기

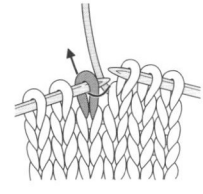
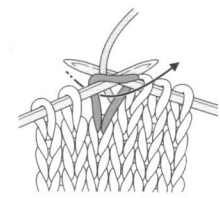
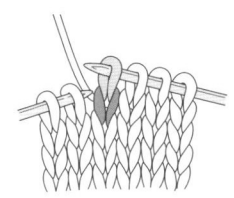

1 뜨개실을 왼쪽 바늘 뒤쪽에 두고 코 앞쪽에서 오른쪽 바늘을 넣습니다.

2 실을 바늘에 걸어 화살표 방향으로 끌어냅니다.

3 겉뜨기 완성.

─ 안뜨기

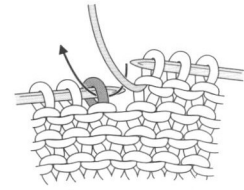
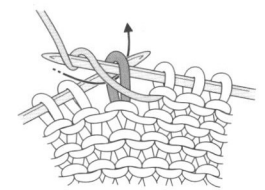
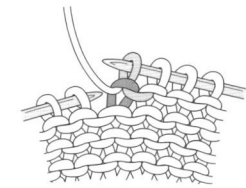

1 뜨개실을 왼쪽 바늘 앞쪽에 두고 코 뒤쪽에서 오른쪽 바늘을 넣습니다.

2 실을 바늘에 걸어 화살표 방향으로 끌어냅니다.

3 안뜨기 완성.

오른코 위 1코 교차뜨기

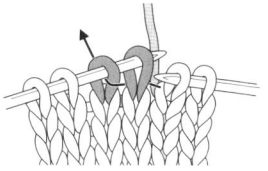
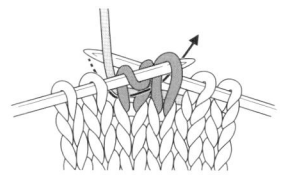
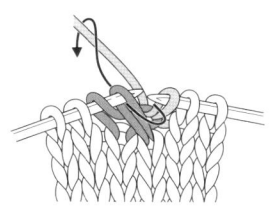
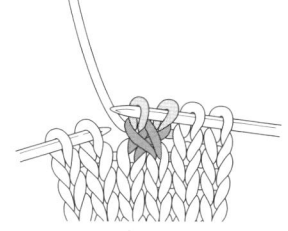

1 오른코 뒤쪽에서 왼코로 화살표처럼 바늘을 넣습니다.

2 실을 바늘에 걸고 화살표 방향으로 끌어내서 겉뜨기를 합니다.

3 겉뜨기한 코는 그대로 두고 오른코에 바늘을 넣어 실을 끌어내서 겉뜨기를 합니다.

4 왼쪽 바늘의 2코를 빼서 오른코 위 1코 교차뜨기 완성.

왼코 위 1코 교차뜨기

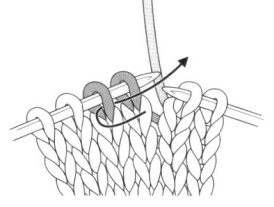
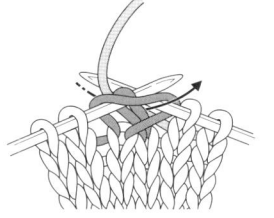
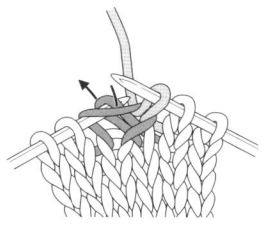
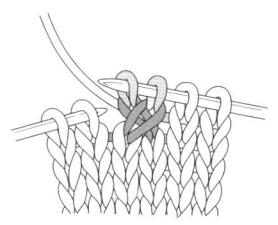

1 코에 화살표 방향으로 앞쪽에서 바늘을 넣습니다.

2 실을 바늘에 걸고 화살표 방향으로 끌어내서 겉뜨기를 합니다.

3 겉뜨기한 코는 그대로 두고 오른코에 바늘을 넣어 실을 끌어내서 겉뜨기를 합니다.

4 왼쪽 바늘의 2코를 빼서 왼코 위 1코 교차뜨기 완성.

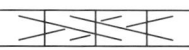 오른코 위 2코 교차뜨기

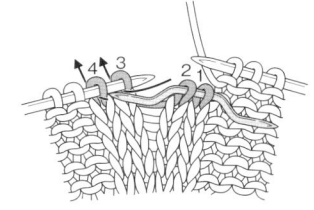
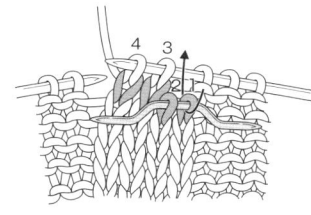
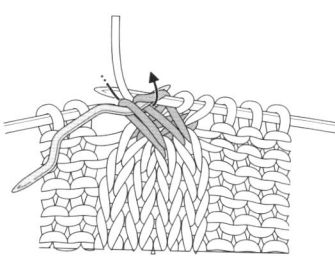
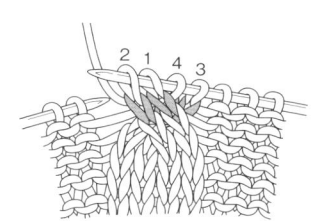

1 오른쪽 2코는 다른 바늘에 옮겨서 앞쪽에 두고 3, 4의 코를 겉뜨기합니다.

2 앞쪽에 둔 1의 코에 바늘을 넣어 겉뜨기를 합니다.

3 2의 코를 겉뜨기합니다.

4 오른코 위 2코 교차뜨기 완성.

 왼코 위 2코 교차뜨기

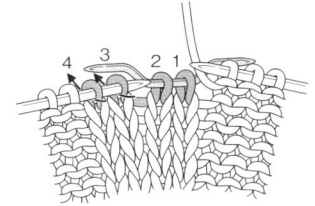
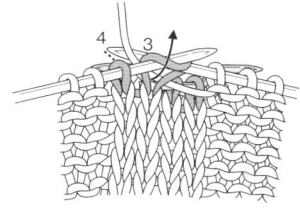
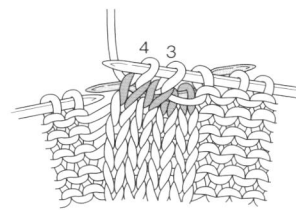

1 오른쪽 2코는 다른 바늘에 옮겨서 뒤쪽에 둡니다.

2 3의 코를 겉뜨기합니다.

3 4의 코도 마찬가지로 겉뜨기한 모습입니다.

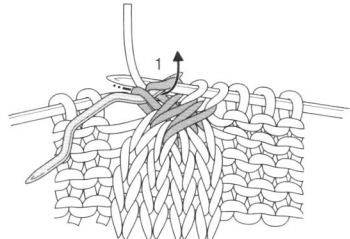
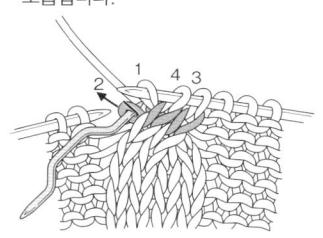
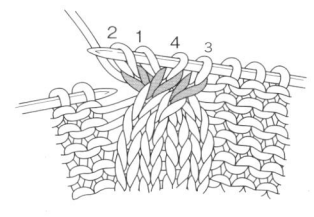

4 1의 코를 겉뜨기합니다.

5 2의 코도 마찬가지로 겉뜨기합니다.

6 왼코 위 2코 교차뜨기 완성.

Staff

북디자인	미카미 쇼코(Vaa)
촬영	스도 게이이치 / 소마 신노스케(p.08-11) / 시라이 유카리(p.42-48)
스타일링	사이토 미에
헤어&메이크업	가와무라 도모코
모델	리카 바네사
사진 보정	시바타 스미에
작품 디자인, 제작	구스노키 가에
제작 협력	아베 미나코 / 나카무라 요리코
(뜨개)	앤드루 다마에 / 이와나가 다카코 / 이시이 나나 / 엔도 요시코 / 가타야 유미 / 가쓰마타 미쓰요 / 가미우메자와 히로코 / 구스노키 미치에 / 구보 아케미 / 고바야시 후미 / 사토 마리코 / 사토 유카리 / 고리키 유미코 / 쓰마카와 가나 / 나카지마 나쓰키 / 호리코시 에이코 / 마쓰모토 히로코 / 미우라 아쓰코 / 미야가와 마사코 / 무토 아키코 / 요시다 미에 / 와타나베 유미 / 다지마 하루에 / 고라 미에코 / 나카무라 에쓰코 / 마쓰모토 구니코 / 오이소 미쓰코 / 오시야마 유미
(바느질)	이케다 노리코 / 가키부치 미유키 / 게즈카 사나에 / 고바야시 유카 / 시오노 에리코 / 시미즈 요코 / 니시 아키 / 야마노 하루미 / 도요타 미치코
만드는 방법, 도안	나카무라 요코(feve et feve)
편집 담당	다니야마 아키코 / 소가 게이코

BEYOND THE REEF NO BAG STYLE (NV 70582)
Photographers: Keiichi Sutou, Shinnosuke Souma, Yukari Shirai
Copyright © BEYOND THE REEF /NIHON VOGUE-SHA, 2020
All rights reserved.
Original Japanese edition published by NIHON VOGUE Corp.
Korean translation copyright © 2021 by JIGEUMICHAEK
This Korean edition published by arrangement with NIHON VOGUE Corp.,
Tokyo, through HonnoKizuna, Inc., Tokyo, and BC Agency

이 책의 한국어판 저작권은 BC에이전시를 통해 저작권자와 독점
계약을 맺은 지금이책에 있습니다. 저작권법에 의해 한국 내에서
보호를 받는 저작물이므로 무단전재와 복제를 금합니다.

인기 손뜨개 브랜드의 가방과 소품
비욘드 더 리프 스타일

초판 1쇄 발행	2021년 7월 20일
초판 2쇄 발행	2024년 2월 10일
지은이	비욘드 더 리프
옮긴이	김한나
감수	정혜진
펴낸이	최정이
펴낸곳	지금이책
주소	경기도 고양시 일산서구 킨텍스로 410
전화	070-8229-3755
팩스	0303-3130-3753
이메일	now_book@naver.com
블로그	blog.naver.com/now_book
등록	제2015-000174호
ISBN	979-11-88554-50-8 (13590)

* 이 책은 저작권법에 따라 보호를 받는 저작물이므로 무단전재와 무단복제를 금지하며, 이 책 내용의 전부 또는 일부를 이용하려면 반드시 저작권자와 지금이책의 서면 동의를 받아야 합니다.
* 잘못되거나 파손된 책은 구입하신 서점에서 교환해드립니다.
* 책값은 뒤표지에 있습니다.

소재 제공

주식회사 다이도 포워드 퍼피 사업부
일본 도쿄도 지요다구 소토칸다 3-1-16
다이도 리미티드 빌딩 3F
TEL 81) 03-3257-7135
http://www.puppyarn.com

메르헨아트 주식회사
일본 도쿄도 스미다구 요코아미 2-10-9
TEL 81) 03-3623-3760
https://www.marchen-art.co.jp

요코타 주식회사(다루마)
일본 오사카시 주오구 미나미큐호 2-5-14
TEL 81) 06-6251-2183
http://www.daruma-ito.co.jp

하마나카 주식회사
일본 교토시 우쿄구 하나조노야부노시타초 2번지 3
TEL 81) 075-463-5151
http://www.hamanaka.co.jp

디엠씨 주식회사(DMC)
일본 도쿄도 지요다구 간다곤야초 13 산토빌딩 7F
TEL 81) 03-5296-7831
http://www.dmc.com

주식회사 모토히로(스키 얀)
일본 도쿄도 주오구 니혼바시하마초 2-38-9
TEL 81) 03-3663-2151
http://www.skiyarn.com

우에무라 주식회사(이나즈마)
일본 교토시 가미교구 가미초자마치도리
구로몬히가시이루스이모토초 459
TEL 81) 075-415-1001
http://www.inazuma.biz/

쓰노다쇼텐
일본 도쿄도 다이토구 도리고에 2-14-10
TEL 81) 03-3863-6615
http://www.tsunodaweb.shop